LAS CIFRAS DEL ÉXITO EN EL FÚTBOL

Chest Dugger

TABLA DE CONTENIDO

SOBRE EL AUTOR

Chest Dugger es un aficionado al fútbol, ex profesional y entrenador, que quiere compartir sus conocimientos. Disfruta de este libro y de varios otros que ha escrito.

REGALO INCLUIDO

Como parte de nuestra dedicación para ayudarte a tener éxito en tu carrera, te hemos enviado una hoja de ejercicios de fútbol gratuita. "Plantilla de entrenamiento" es una lista de ejercicios que puedes utilizar para mejorar tu juego; así como una metodología para realizar un seguimiento de tu rendimiento en estos ejercicios en el día a día. Queremos que llegues al siguiente nivel.

Haz clic en el siguiente enlace para obtener tu hoja de ejercicios gratuita.

https://soccertrainingabiprod.gr8.com/

DESCARGO DE RESPONSABILIDAD

INTRODUCCIÓN

"El fútbol es un juego sencillo. Veintidós hombres persiguen un balón durante 90 minutos y al final, los alemanes siempre ganan". - Gary Lineker

¿Es el fútbol el deporte más caótico del mundo? ¿Es el juego, la transición de la posesión, la velocidad de los movimientos demasiado grande como para descomponerla en elementos constitutivos? El uso de la analítica en el deporte está ya muy arraigado. Las "ganancias marginales", la base sobre la que el entrenador de ciclismo Dave Brailsford construyó sus mayores éxitos, son la piedra angular de la mayoría de los deportes hoy en día. Pero, hasta hace poco, eso no se aplicaba al mayor deporte del mundo. No en el fútbol. Era como si el más sencillo de los deportes fuera demasiado complicado para las estadísticas. O que sólo cuenta una estadística, el número de veces que el balón llega al fondo de la red. "La única estadística que cuenta", es un término muy utilizado y molesto.

Sin embargo, probablemente no sea lo peor de este tradicional y antiguo juego. ¿Cuál es la frase más molesta del fútbol? Hay muchos contendientes en este mundo plagado de clichés. Un mundo en el que la brillantez artística sobre el terreno de juego rara vez se ve igualada por las prosaicas expresiones fuera de él. Hay excepciones, por supuesto. En 2018, el público de habla inglesa vio a menudo mientras disfrutaba del mayor torneo de fútbol del planeta, el segundo después de los Juegos Olímpicos en cuanto a todos los eventos deportivos, mejorado por el maestro de la frase tangencial, el comentarista Clive Tyldesley quien ha alcanzado un estatus casi de culto entre los aficionados con sus extraños vínculos y hechos extraños.

Oírle hablar de la industria petrolera mientras el anfitrión, Rusia, salía a jugar contra la humilde Arabia Saudí en el partido inaugural del Mundial 2018 fue una auténtica gozada. Al igual que su discusión en solitario, en la que debatió largo y tendido (consigo mismo) sobre los retos a los que se enfrentaría el originalmente llamado Neymar Jr. si intentara ofrecer a su padre, Neymar Sr., un regalo apropiado para el día del padre. (El partido de Brasil contra Suiza se convirtió en una molesta irrelevancia a medida que se desarrollaba el complejo debate).

Pero son rarezas, joyas que brillan aún más por su escasez, en el mundo general del debate futbolístico. Por un lado, tenemos la ya mencionada banalidad de los comentaristas, equilibrada por los debates de los aficionados. (Echa un vistazo a Twitter para ver lo miopes que se vuelven las conversaciones). Pero a la cabeza de la liga está, por supuesto, el comentarista. Es posible que el público de fuera del Reino Unido no esté muy familiarizado con el paraíso de la comedia que es "The Fast Show", pero entra en Google (hay otros motores de búsqueda disponibles), escribe en la barra de búsqueda "The Fast Show Ron Manager" y siéntate con deleite mientras el comediante Paul Whitehouse lleva los rumores del humor futbolístico medio a nuevas e hilarantes alturas.

Lo que nos lleva de nuevo a la frase más molesta del fútbol. "Es un jugador de primera, primera", si le preguntamos al ex profesional si estaba desarrollando un tartamudeo, o si quería decir que el genio del fútbol en cuestión estaba a la cabeza del subconjunto de estrellas del fútbol que podríamos llamar "de primera", sin duda miraría con recelo, se le caería la mandíbula y, presa del pánico, soltaría una diatriba de otras frases sin sentido. Un partido de dos mitades", "final de libro", "falta de botella", "sólo se tarda un segundo en marcar" (lo cual no sólo es un tópico, sino que es increíblemente inexacto, ya que el tiempo que tarda el balón en cruzar la línea y entrar en "la malla de cebollas" es sólo una fracción de segundo. Mientras que, al mismo tiempo, toda la construcción que lleva al gol es un proceso mucho más intrincado. Como, esperamos, demostrará este libro).

Pero en la cima de esta inimitable colección de inanes, por así decirlo, debe estar el increíblemente molesto y fantásticamente inexacto "se equilibra a lo largo de la temporada". Sea lo que sea, no es así. Aquellos buenos equipos del Barcelona de finales de los años noventa cometían enésimos empujones ilegales en cada partido.

Ganaban la posesión del balón haciendo una falta al rival. Pero (porque sólo era una pequeña falta, y después de todo son el Barcelona) rara vez eran sancionados por ello. Ese engaño, no es otra cosa, aunque a muchos expertos les guste emplear el eufemismo "profesionalidad", no se volvió en su contra, y el análisis posterior al partido nunca lo diría. Los asuntos del fútbol, al parecer, no se aplican a los mejores.

Y así, continúa. La expulsión de un jugador por parte de un árbitro excesivamente celoso suele significar la pérdida del partido, especialmente si ocurre antes del medio tiempo. Eso no significa que en el partido, el equipo en desventaja tendrá algún problema por el árbitro particular que dirija ese partido.

Por ejemplo, el Bournemouth AFC. Este pequeño club de la costa sur de Inglaterra estuvo a punto de desaparecer hace unas temporadas. Entonces nombraron a un joven e inteligente entrenador, Eddie Howe, para que los llevara adelante. Lo hizo, increíblemente, y el Bournemouth ganó un ascenso tras otro hasta disfrutar temporada tras temporada de la máxima categoría del fútbol inglés. Mientras que equipos como el Manchester United contaban con los ingresos generados por los 75.000 aficionados que llenaban Old Trafford, el minúsculo Vitality Stadium del Bournemouth sólo podía albergar a 12.000. Aun así, el equipo sobrevivió, a menudo comenzando con fuerza y en el tercio superior de la liga, hasta que las lesiones hicieron mella en la pequeña plantilla del Bournemouth, temporada tras temporada, y el equipo se desvió a la mitad de la tabla, lo que sigue siendo un logro asombroso para un club tan pequeño. Entonces, en el caos de la COVID-19 de la temporada 2019-

2020, la Premier League inglesa introdujo el VAR. O, al menos, su propia versión extrañamente subjetiva del mismo.

El Bournemouth acabó descendiendo por un solo punto, a pesar de su increíble esfuerzo por ganar su último partido en casa del Everton, por 3-1. Esto marcó el final de un auténtico cuento de hadas (otro término que podría ganar fácilmente nuestro concurso de "la frase más molesta"). También marcó el final del reinado de Eddie Howe.

Dimitió justo después de terminar la temporada.

El VAR es muy impopular en Inglaterra. Demasiado a menudo las decisiones parecen favorecer a los equipos más grandes, o dan decisiones diametralmente opuestas a otras que ocurren el mismo día en diferentes campos. Mucha gente decidió analizar con más detalle el impacto de las decisiones en los partidos. Resultó que el Bournemouth había perdido trece puntos como resultado de decisiones del VAR que parecían erróneas, o al menos incoherentes. Esos trece puntos adicionales (junto con los perdidos por sus rivales como resultado de los cambios en el marcador) habrían hecho que el Bournemouth terminara, como siempre, en la mitad de la tabla.

Ciertamente, pocas veces habían jugado mal durante la temporada, y parecía, como afirmaban los comentaristas y expertos con creciente desesperación, que era sólo cuestión de tiempo que "obtuvieran los resultados que su juego merecía", o que "las cosas se equilibraran". Por supuesto, nunca lo hicieron. Con toda probabilidad, el Bournemouth se convirtió en el primer equipo de Inglaterra, y posiblemente del mundo, en descender por culpa del árbitro asistente de vídeo, en lugar de por los resultados durante una larga (especialmente larga en el caso de 2019-2020) temporada.

Hoy en día no tenemos que confiar sólo en el "instinto", mientras el maestro centrocampista da el pase perfecto. No, sabemos cómo se produjo ese pase, porque podemos analizar el estilo de juego de nuestro jugador, su primer toque, el número de veces que practica el pase, el porcentaje de éxito del pase y casi todo lo demás sobre su jugar. Al igual que podemos examinar exactamente el papel del VAR en la caída del Bournemouth.

El fútbol se ha dejado llevar por la analítica. A regañadientes, lentamente y en contra del tipo de respuesta reaccionaria que cabría esperar de algunos ex profesionales, el fútbol se está revolucionando. Puede que sigan pensando que un plato de pescado y patatas fritas o una hamburguesa con patatas fritas, junto con media docena de botellas de cerveza, es la mejor manera de recuperarse después de un partido, pero los datos están demostrando que se equivocan.

Los analistas de datos son ahora una parte importante de todos los clubes profesionales de primera línea. Interactúan con los jugadores, asesoran a los entrenadores, examinan los puntos fuertes y débiles de los equipos, establecen la probable organización táctica de los diferentes equipos;

13

incluso se centran en lo que un árbitro podría permitir y sancionar. Por supuesto, el club aficionado medio o el equipo juvenil no tienen ni el poder de los hombres ni el de las mujeres, ni mucho menos el acceso a los aparatos tan avanzados y caros que se utilizan en el fútbol profesional. Pero los entrenadores de este nivel pueden observar las casas de lujo en las que habitan sus homólogos profesionales y aprender lecciones. Los mejores adaptarán lo que ocurre en el juego profesional y crearán sus propias versiones para impulsar el desarrollo de su propio equipo.

El hecho es que, a pesar del cinismo de un grupo cada vez más pequeño pero obstinado de reincidentes, de jugadores y directivos veteranos que añoran el pasado, cuyas narices rotas se crispan y cuyas barrigas se tensan al hablar de analítica, los datos han llegado para quedarse. Se infiltran en todos los aspectos del profesional, y está mejorando el rendimiento, ayudando a los jugadores a permanecer en la cima durante más tiempo, y haciendo que el juego del fútbol entre en la era moderna.

La analítica ha llegado para quedarse. Y este libro nos enseñará todo sobre este nuevo y emergente campo. Nos centraremos en el uso de las estadísticas en el juego profesional, del que los entrenadores pueden inspirarse para su propio uso de la analítica con sus clubes amateurs o equipos juveniles. Consideraremos la evolución de la analítica en el juego, y descubriremos que los pioneros, de hecho, llevan trabajando con las estadísticas, analizándolas en beneficio de su equipo, desde hace mucho más tiempo del que podría imaginarse.

Vamos a considerar la diferencia que una buena analítica puede aportar al éxito de un equipo. Al fin y al cabo, algo debe impedir que el país más grande del mundo (en términos de población) gane la Copa del Mundo cada vez que se celebra, o que el equipo más rico de una determinada liga gane el campeonato cada temporada.

Ofreceremos algunos estudios de casos reales para ilustrar nuestras conclusiones y examinaremos qué métricas son las más importantes para analizar el rendimiento. Esto es algo que podría ser de enorme utilidad para un entrenador aficionado con un presupuesto reducido y sin un equipo de científicos que examinen todos los aspectos de un partido.

Como hemos mencionado, la analítica se asocia más tradicionalmente con otros deportes. Vamos a ver por qué puede ser así y a considerar cómo el fútbol podría abordar las desventajas que tiene en la recopilación de métricas. Veremos el uso de las analíticas para ayudar a los jugadores individuales a desarrollar su juego, y también cómo pueden utilizarse para determinar las jugadas a balón parado. Tomemos como ejemplo el marcaje zonal. Seguramente es la táctica más ridiculizada desde que Sir Alf Ramsey eliminó a los hombres anchos y creó su estructura 4-3-3. Sin embargo, estadísticamente, el marcaje en zona es una forma más eficaz de defender un córner o un tiro libre amplio que el tan adorado "marcaje al hombre" (aunque una combinación de enfoques es aún mejor). ¿La razón? Los entrenadores confían en los datos; los expertos se remontan a lo que hicieron en su día.

Estudiaremos la forma en que la tecnología ayuda a la recopilación de datos y consideraremos cómo los entrenadores aficionados podemos diseñar nuestras propias máquinas para recopilar esta información. Estudiaremos cómo la analítica puede ayudar a los entrenadores a detectar nuevas tendencias en el fútbol. Cómo el futuro del juego podría ser determinado por la tecnología y los científicos, en lugar de por los ex jugadores. Consideraremos el fascinante tema de cómo los tradicionalistas del juego se oponen a los avances que puede ofrecer la analítica.

Lo cual es un buen punto para terminar nuestra introducción y pasar al libro propiamente dicho. La Premier League inglesa está ampliamente considerada como la mayor liga del mundo. Es sin duda la más rica. Hace treinta y cinco años el fútbol inglés estaba de capa caída. Unos terrenos de juego espantosos, campos de cultivo de noviembre a marzo, anquilosaban el desarrollo de técnica desde el nivel de base (hay un giro irónico de la frase ya que los entrenadores amaban cualquier tipo de hierba para entrenar y jugar) hasta el nivel profesional. El desmoronamiento de la sociedad civil se personificó en las terrazas de fútbol, el gamberrismo hizo que el fútbol inglés se convirtiera en un término sucio en todo el mundo, y finalmente consiguió que los equipos ingleses fueran expulsados de Europa. La Primera Ministra Margaret Thatcher odiaba el fútbol y todo lo que representaba. Ya había animado a las escuelas a vender sus campos de juego a promotores inmobiliarios, y nada le habría gustado más que prohibir el juego por completo.

El bello juego se había agriado. El fútbol parecía destinado a la destrucción. En quince años, era la envidia del mundo. El hombre que provocó esta transformación más que ningún otro es, casi con toda seguridad, el visionario entrenador del Arsenal, Arsene Wenger, que ahora desempeña un papel de desarrollo en la FIFA.

Fue Wenger quien introdujo la ciencia en sus entrenamientos; la dieta, los estiramientos, el entrenamiento basado en datos. Inició el proceso durante sus días como entrenador de un equipo casi desconocido en la liga francesa, el Mónaco, al que llevó a un gran éxito. Los jugadores que jugaron a sus órdenes hablan de su genialidad, y la gratitud que sienten por la forma en que prolongó sus carreras es evidente incluso hoy. Los que no trabajaron directamente con él en su época de jugadores le ofrecen respeto, pero a menudo a regañadientes.

Nunca llegó a formar parte del sistema como debería haber sido.

¿La razón? Probablemente porque Wenger tomó el juego inglés y lo puso de cabeza. El brócoli sustituyó a la cerveza, los estiramientos pasaron a ser más importantes que estar de pie y escuchar. La ciencia. Las pruebas de vídeo informaron la estrategia. Mantén el balón. No golpees en largo. Eso significó también la transformación de los terrenos de juego. En el fútbol, Wenger demostró que los datos funcionan, pero muchos en el corazón del juego lo niegan. Este libro nos ayudará a entender por qué.

LA HISTORIA DE LA ANALÍTICA

Cómo el desarrollo de la tecnología ha desempeñado un papel esencial en el uso de la analítica.

"No creo que la habilidad haya sido, ni sea nunca, el resultado de los entrenadores. Es el resultado de una relación de amor entre el niño y el balón". - *Roy Keane - ex centrocampista del Manchester United y de la República de Irlanda.*

La final de la Champions League de 2012 parecía un poco extraña desde el principio. El partido de clubes más importante de Europa, y probablemente del mundo (aunque no el más rico) no se jugaría en una sede neutral, ni siquiera en casa y sería en dos partidos. No, este drama deportivo tendría lugar en el estadio de uno de los competidores.

El Allianz Arena es un estadio espléndido, de eso no cabe duda.

Pero como sede del Bayern de Múnich, que buscaría derrotar al Chelsea para levantar el título de la Champions League, arrojaba una pequeña pero significativa ventaja al club alemán. Aun así, como la sede de la final se decide con mucha antelación, no se podía hacer nada. El Chelsea también jugaría el partido sin su emblemático líder y destacado medio centro, John Terry, que había dado un rodillazo al delantero chileno del Barcelona Alexis Sánchez durante la semifinal.

Aunque el Bayern dominó el partido y se adelantó en el marcador, Didier Drogba empató para el club inglés y el partido se fue a los penaltis. La única final anterior de la Champions League que había disputado el Chelsea se saldó con una derrota en la tanda de penaltis contra el Manchester United, eso fue cuatro años antes, pero esta vez estaban tan preparados como podían estarlo. Petr Cech era su portero, y conocía la posición favorecida de cada uno de los jugadores del Bayern en los penaltis.

"Cech vuelve a adivinar", dijo un comentarista durante esa patada. Se equivocaba. No había nada que adivinar. El equipo de la trastienda del Chelsea había reunido todas las imágenes de vídeo que pudo (había muchas, incluso en 2012), investigó cada rincón de los datos futbolísticos para saber dónde era probable que los jugadores del Bayern colocaran sus penaltis.

Recuerda también que se trataba de una situación de alta presión. Psicológicamente, la mejor manera de hacer frente a esa presión es seguir los procedimientos normales. Haz lo que haces normalmente. La memoria muscular y todo eso.

El Bayern lo hizo, y Cech aplicó su conocimiento de cada jugador para elegir la dirección correcta para lanzarse en cada ocasión. La tanda de penaltis se fue a la muerte súbita, con seis penaltis lanzados por cada equipo. Cech detuvo tres, incluido el decisivo en la muerte súbita, y el

Chelsea ganó la Champions League por única vez en su historia. Esto es análisis de datos en acción.

Sin embargo, no le sirvió de mucho al entrenador del Chelsea, Roberto Di Matteo. El italiano fue fotografiado diciendo "lo hice" al inescrutable propietario ruso del equipo londinense cuando fue a recoger su medalla. Roman Abramovich le devuelve la mirada, sin más que una inclinación de cabeza. No hay celebraciones salvajes para él.

Como muchos otros antes y después, Di Matteo seguiría su camino unas semanas más tarde.

Ni siquiera ganar la Champions League parece ser suficiente para el multimillonario oligarca. (De hecho, este fue un patrón que iba a repetir varias veces en el futuro. En 2015, en su segunda etapa como entrenador del Chelsea, José Mourinho fue despedido apenas unos meses después de asegurar el título de la Premier League, Antonio Conte ganó la Premier League también, pero se fue un año después, a pesar de ganar la FA Cup esa temporada. Maurizio Sarri consiguió la copa de la Liga europea en 2019, pero fue sustituido al comienzo de la temporada siguiente. Es difícil saber si Abramovich y su equipo emplean la analítica para despedir a sus directivos, pero si es así, deben aplicar criterios diferentes a la mayoría).

Pero volviendo a Petr Cech, fue interesante escuchar lo que dijo después. "Seis penaltis de forma correcta y yo paré tres, así que básicamente los deberes estuvieron bien hechos". Para destacar el hecho de que él, junto con el personal de la portería y los científicos de datos del club, habían empleado la analítica para saber dónde era más probable que los pateadores de penaltis del Bayern colocaran sus patadas indicando que este era un campo que todavía no era común en el juego.

Entonces, ¿cuál es la historia de la analítica en el fútbol? Quizá un buen punto de partida sea otro gran partido, otro equipo de fútbol inglés y otro penalti. Estamos en 1990. Italia. La Copa del Mundo. Inglaterra ha llegado a los cuartos de final y su rival es la imprevisible pero peligrosa selección africana de Camerún, con su envejecido pero emblemático delantero Roger Milla a la cabeza. Milla había marcado dos goles en la prórroga para asegurar la victoria de la nación africana sobre Colombia en los octavos de final, mientras que un gol tardío (también en la prórroga) había dado la victoria a Inglaterra sobre Bélgica.

Inglaterra ganó, empatando con un gol tardío de su delantero y ahora presentador de televisión Gary Lineker, antes de que el delantero volviera a marcar para ganar el partido en la prórroga. Sus dos goles fueron de penalti. El primero fue crucial; si lo fallaba, Camerún pasaría casi con toda seguridad a las semifinales, ya que el tiro se concedió muy cerca del final del partido.

Lineker mandó al portero en dirección contraria. Pero no lo hizo por casualidad. El día anterior había estado a punto de lanzar unos penaltis de práctica durante el breve entrenamiento de Inglaterra en el estadio de

22

cuartos de final. El apreciado seleccionador de Inglaterra, Bobby Robson, recibió un mensaje. Al parecer, de alguna manera, un miembro de la selección de Camerún había conseguido acceder al estadio y ahora estaba viendo el entrenamiento de la selección inglesa. Robson envió un mensaje a Lineker: "Pon el balón en el lado contrario al que te favorece". Nada más. Lineker recibió el mensaje, pero sólo después entendió por qué se lo habían enviado. Pero hizo lo que le dijeron. El espía camerunés informó a su portero, diciéndole el lado favorito del lanzador de penaltis inglés. Lo cual era, por supuesto, erróneo.

Cuando llegó el momento del partido, el portero siguió las indicaciones que le habían dado y Lineker colocó el balón donde normalmente lo hacía, en el córner contrario. ¿Un uso temprano de la analítica en el fútbol? Tal vez.

Ocho años después, el análisis de datos se ha generalizado. Pero no era especialmente eficaz. Los estudios sobre el mundial de Francia de 1998 demostraron que la mayoría de los goles se marcaban tras un mínimo de pases. Los directores técnicos de todo el mundo consideraron las implicaciones y decidieron promover el tipo de juego de balón largo que perjudica las habilidades técnicas (se convierte en una batalla física en la que la velocidad y el tamaño ganan a la habilidad) y disminuye el espectáculo que ofrece el fútbol. Los equipos de balón largo se descubren pronto, y rara vez tienen éxito.

Podemos remontarnos más atrás. En el fútbol inglés, a finales de los años 60 y principios de los 70, el Leeds United era la fuerza más poderosa. Su entrenador, el duro Don Revie, era famoso por elaborar expedientes detallados sobre cada aspecto del juego del rival. Sus puntos fuertes y debilidades. Estos primeros análisis de datos eran simplistas, carecían de objetividad y podían salir mal si el ojeador que asistía a los partidos del rival permitía que sus propias opiniones colorearan los hechos del juego. Sin embargo, este tipo de análisis no era desconocido, y no cabe duda de que las tácticas de Revie no eran únicas (aunque tampoco eran habituales). Este tipo de análisis de datos relativamente primitivo ya se realizaba hace más de sesenta años. Como veremos más adelante, quizás incluso más que esto. Cualquier cosa con tal de obtener una ventaja.

Sin embargo, fue el cambio de milenio y la aparición de "Moneyball" lo que realmente hizo que la analítica de datos se impusiera. No cabe duda de que hay otros dos factores que han desempeñado un papel importante en la aparición de la analítica de datos como componente clave del juego moderno. En primer lugar, el aumento de la eficiencia de la tecnología y, en segundo lugar, el rápido crecimiento de la proyección de partidos a través de la televisión, especialmente de Sky TV.

Consideremos estos tres aspectos sucesivamente.

Moneyball, para los que no estén familiarizados con el término, fue el esquema de Billy Beane, el director general del equipo de béisbol Oakland Athletics. Los Oaklands no eran un gran equipo. Ni siquiera uno muy bueno cuando Beane se hizo cargo. De hecho, referirse a los californianos como un equipo claramente mediocre sería exagerar su trayectoria.

Pero Beane tuvo la previsión de pensar fuera de la norma para promover el éxito de su equipo. Recurrió al trabajo de un hombre llamado Bill James, y mediante el análisis de las métricas de los jugadores encontró la forma de convertir su colección de jugadores de oficio en campeones. Del análisis de datos que realizó surgieron nuevas tácticas, se utilizaron en el juego para cambiar el curso de un partido y los jugadores encontraron sus propios nichos que explotar. El resultado combinado fue que el grupo de jugadores de a pie de Oaklands se embarcó en una de las rachas de victorias más largas de la historia del béisbol.

Los propietarios y los entrenadores más sabios del fútbol abrieron los ojos a lo que ocurría en otros deportes, algo que hoy damos por sentado pero que todavía se consideraba revolucionario hace tan sólo veinte años, y aplicaron la metodología de Beane a su propio deporte. El uso de la analítica no era inédito en el fútbol de entonces, como hemos visto, pero de repente pasó de la sombra a la vanguardia del juego.

Pero el fútbol no es el béisbol. El béisbol, al igual que otros juegos de bate y pelota, es relativamente fácil de analizar, de descomponer en partes constitutivas. Basta con pensar en los aficionados a las estadísticas del juego, en la cantidad de información preparada que tienen, y han tenido, para disfrutar de su visión del deporte. El fútbol es diferente. Es un deporte mucho más fluido. Las ventajas cambian en un abrir y cerrar de ojos. Los únicos aspectos del juego sobre los que es relativamente fácil reunir datos son las jugadas a balón parado, los penaltis, los tiros libres y los córners.

Esto se demuestra con un simple vistazo al comportamiento de los aficionados (¡esperamos que para cuando estés leyendo este libro, se permita a los aficionados volver a entrar en los estadios de todo el mundo!) Piensa en la excitación que se produce cuando se gana un córner. El ruido de la multitud aumenta, los corazones laten más rápido, se siguen las supersticiones... tanto para el bando atacante como para el defensor. Pero en realidad, estadísticamente, un córner es una ventaja relativamente benigna para ganar. Las posibilidades de que se marque un gol son remotas y, de hecho, existe el riesgo de que un córner abra al bando ofensivo a un contraataque. Volveremos sobre este punto más adelante.

El juego es tan fluido que para analizarlo con la profundidad necesaria para obtener una ventaja seria se necesita una tecnología eficaz. Y, para maximizarla en el campo de entrenamiento, la tecnología móvil. Las primeras "tabletas" podrían haber existido en la década de 1990, pero su uso era limitado, su coste prohibitivo y, como herramienta, funcionaban mejor como atrezo de ciencia ficción que como dispositivo de análisis de datos. Microsoft lanzó su Tablet PC en 2002, y el iPad no llegó a la escena hasta 2010. El primer smartphone, increíblemente, llegó al mercado en 1992, pero no era especialmente inteligente. Una vez más, habrá que esperar a la primera década del siglo XXI para que esta tecnología esté lo suficientemente disponible y avanzada como para ofrecer ventajas en materia de análisis.

Por lo tanto, la analítica temprana, incluso en este siglo, sólo podía ofrecer un beneficio limitado a los entrenadores de fútbol. Es comprensible, por tanto, que no se utilizara de forma generalizada. De hecho, la organización de datos Opta comenzó a recopilar datos de los partidos de la relativamente nueva Premier League inglesa en 1996 (el año, por cierto, en que Arsene Wenger, mencionado en la introducción, se hizo cargo del club en el que se convirtió en un nombre familiar, el Arsenal). La recopilación de estadísticas era lo que podríamos llamar un poco nerd.

Los pases, las entradas, la distancia que recorren los jugadores, los disparos, etc. El "gran" Sam Allardyce se metió en el mundo de la analítica porque buscaba una forma, según cuentan, de igualar los logros de los grandes clubes a pesar del escaso presupuesto con el que contaba el Bolton Wanderers. Los estadísticos cuestan mucho menos que los jugadores, así que invirtió en ellos. El estilo directo asociado a sus equipos se debía a que sus estadísticos habían calculado que el balón cambiaba de manos (o de pies) unas cuatrocientas veces en un partido medio, y que, si se podía ganar el balón y desplazarlo rápidamente hacia delante, era más probable que una defensa expuesta regalara una jugada a balón parado: un saque de banda, un córner o, mejor aún, un tiro libre. Sus analistas de datos dedujeron que el 30% de los goles en ese momento se marcaban como resultado de jugadas a balón parado, por lo que Allardyce se centró en esta área del juego, creando de hecho la situación en la que su equipo marcaba la mitad de sus goles a balón parado.

Pero existía otro problema. Para conocer a un jugador que un equipo podría comprar, o las tácticas empleadas por un equipo contrario con el que se iba a disputar un encuentro, había que enviar a un ojeador a ver un partido. Por muy hábiles que fueran estas personas, sólo podían recoger lo que veían y lo que recordaban.

Simplemente, los detalles serían escasos. Y a menudo teñidos por las lentes con las que los exploradores los observaban. Los ojeadores han sido empleados durante décadas, dependiendo de la riqueza del club que los enviaba, podían recoger más o menos información. Pero los beneficios que podían aportar eran muy limitados.

Lo que se necesitaba era una base de datos con información detallada. La que se obtiene del vídeo de dos horas de duración de todos los penaltis de los jugadores del Bayern de Múnich de los cinco años anteriores, que Petr Cech había estudiado con sus entrenadores. Ese tipo de registro en vídeo sólo podría surgir con el aumento de la cobertura televisiva. Los equipos ya no tendrían que depender de la grabación (al menos, cuando se dispusiera de grabadoras de vídeo, en 1963, sorprendentemente) de breves resúmenes de partidos seleccionados para estudiarlos en profundidad, sino que se podría disponer de casi cualquier partido importante.

¿Necesitaban un delantero? Inmediatamente se dispondría de horas de rendimiento de los jugadores. Y pronto, a medida que la analítica mejorara, se hiciera más popular y estuviera más disponible, la gama de datos a los que los entrenadores podrían acceder se aceleraría más allá de lo imaginable.

Hubo baches en el camino. En 2010, el estadounidense John Henry compró el Liverpool Football Club. El Liverpool, otrora gigante de Europa, seguía siendo un equipo importante, uno de los más ricos del mundo. Pero parecía que sus verdaderos días de gloria habían quedado atrás. Sin embargo, Henry pensó que podía cambiar eso. Era dueño de los Boston Red Sox y había empleado el análisis de datos al estilo Moneyball utilizado por Beane en Oaklands para que su propio equipo de béisbol ganara las Series Mundiales. Eso fue en 2004 y representó la primera victoria de los Red Sox en las Series Mundiales en casi un siglo (86 años, para ser precisos). Seguramente, creía Henry, podría utilizar la misma analítica para devolver los días de gloria a su equipo de fútbol.

Un gran ejemplo de cómo podría surgir esto llegó rápidamente.

El director de fútbol del Liverpool, Damien Comoli (por cierto, amigo de Billy Beane, de Moneyball), identificó que el Liverpool poseía estadísticamente dos de los mejores pasadores de la liga, Steward

Downing y Jordan Henderson. Lo que necesitaban para lograr el éxito era combinar el talento de estos jugadores con un delantero que pudiera convertir las ocasiones que creaban. Se decidieron por el tradicional y anticuado número nueve, Andy Carroll.

Inmediatamente, se mostró el problema de casar las estadísticas sin un conocimiento experto del fútbol. Sí, Carroll era una verdadera amenaza en los centros. Y sí, Henderson y Downing eran buenos pasadores.

Pero esas estadísticas por sí solas no cuentan toda la historia. Los pases de Henderson y Downing fueron precisos, pero rara vez incisivos.

Carroll estaba bien en el juego aéreo, pero pocos goles se marcan con centros. Aunque hay que admirar al Liverpool por intentar aplicar la analítica para mejorar sus resultados, estaba claro que el simple uso de datos no era suficiente. Se necesitaban los datos correctos. Comoli pagó sus errores con su trabajo; como delantero, Andy Carroll nunca se ha recuperado. No le resultará familiar a ningún aficionado al fútbol que no tenga un gran interés en la Premier League inglesa.

Hay un dicho en el fútbol inglés que dice que un jugador o equipo sólo va a tener éxito si "puede dar lo mejor de sí mismo en una noche fría y ventosa en Stoke". El tópico podría pertenecer fácilmente a la lista que presentamos en la introducción de este libro y que, lamentablemente, ya está desfasado. Para los que no estén familiarizados, Stoke es una dura ciudad de las Midlands, en el corazón industrial del Reino Unido, y puede presumir de varios alardes no deseados. En varias ocasiones, por ejemplo, ha sido el hogar (si esa es la palabra) de la casa menos cara de Gran Bretaña, y también de sus mayores índices de criminalidad.

Tony Pulis fue entrenador del Stoke City durante gran parte de su larga estancia en la Premier League. Hoy en día, al menos en el momento de escribir este artículo, se ha desplomado de la primera división y parece poco probable que regrese en un tiempo, pero en la época de Pulis, viajar a Stoke para un partido nocturno en invierno se consideraba el mayor desafío del fútbol inglés. De hecho, las estadísticas no lo respaldan, pero, sin embargo, el claustrofóbico Britannia Stadium de Stoke podía resultar intimidante. Pulis contó en su momento con un lateral bastante poco llamativo llamado Rory Delap. Delap era un buen profesional, casi de la clase de la Premier League, pero tenía un talento notable. Podía lanzar el balón como una bala, con considerable precisión, velocidad y una trayectoria muy plana. Pulis examinó los datos y comprendió que un saque de banda de Delap era más peligroso que un córner, si el Stoke podía ganar el lanzamiento en posición de ataque. Los datos lo corroboraban, y era especialmente efectivo en casa, cuando los aficionados del Stoke hacían saltar el techo del estadio con su ruido intimidatorio cada vez que se concedía un saque de banda.

No importaba quién ganara el primer toque, el caos antes de un lanzamiento de Rory Delap provocaba la desesperación de los defensas contrarios y reducía la confianza al mínimo. Así, el Stoke practicó un juego rápido, haciendo avanzar el balón con rapidez y hacia los canales, obligando a las defensas a sacar el balón para los saques de banda. Al examinar la táctica de los lanzamientos largos del Stoke, tenemos un ejemplo de cómo el desarrollo de la analítica puede tener un impacto real en un equipo, pero sólo cuando otras condiciones, el conjunto de habilidades de los jugadores, la reputación, el público, etc., también mejoran la táctica.

Y así sucesivamente. A medida que la tecnología mejora, también lo hacen las métricas disponibles. Pero, como hemos visto con el ejemplo del Liverpool, sólo cuando esos datos se utilizan de forma inteligente, pueden marcar una verdadera diferencia. El crecimiento de la analítica ha revolucionado el fútbol. Pero no lo ha cambiado por completo.

¿QUÉ HACE A UN GANADOR?

¿Puede superarse la brecha de la pobreza en el fútbol?

"El secreto es creer en tus sueños; en tu potencial de que puedes ser como tu estrella, sigue buscando, sigue creyendo y no pierdas la fe en ti mismo". - Neymar Jr.

Neymar es un buen jugador, pero su explicación de cómo encontrar el éxito podría considerarse un poco romántica. Un poco simplista. Perdonen un momento de cinismo. El dinero sería la respuesta obvia y bastante simplista a la pregunta del título del capítulo. "Hay una clara correlación entre el gasto en salarios y la posición en la liga" escribía la revista online Planet Football a principios de la temporada 2017. En la temporada que acaba de terminar (2019-2020), los seis que más gastaron en fichajes ocuparon cinco de las seis primeras posiciones de la liga inglesa. El único intruso fue el Chelsea, un club que no es muy pequeño y cuyo octavo mayor gasto le proporcionó un tercer puesto y la clasificación para la Champions League. El Tottenham, el único de los seis que más gastó que no llegó a estar entre los seis primeros, fue séptimo.

Pero, ¿es un fenómeno puramente inglés? Al fin y al cabo, la Premier League es la más rica del mundo, con sus lucrativos contratos de televisión que aportan una riqueza a la élite en cantidades antes inimaginables.

Los mejores equipos de las ligas española, alemana y, anteriormente, italiana pueden superar a los equipos ingleses en Europa, pero en tanto que hay posiblemente ocho equipos ingleses de los que se puede esperar razonablemente que aspiren a los máximos honores, los clubes de Manchester, Liverpool y Everton, Chelsea, Arsenal y Spurs, así como, recientemente, el Leicester City, en Alemania sólo hay dos: el Bayern de Múnich y el Dortmund; en España quizá tres: el Barcelona, el Real Madrid y el Atlético de Madrid. (Tal vez, debido a sus recientes hazañas en la Liga europea, el Sevilla podría figurar como cuarto equipo español). En Italia, con la desaparición del imperio milanés, sólo la Juventus podría considerarse un verdadero equipo europeo de primer orden.

Entonces, ¿qué tan cerca está el presupuesto real de transferencias de los clubes más grandes de su clasificación real en todo el continente? Tomando en cuenta la década hasta el verano de 2019, aquí están los doce principales gastadores netos, y lo que eso ha proporcionado en términos de trofeos y clasificaciones de la Champions League.

El Liverpool fue duodécimo; su rendimiento hasta ese momento era un trofeo de la Champions League y cuatro/cinco clasificaciones en la Champions League. El Bayern de Múnich fue undécimo, y su inversión parece haber dado un buen rendimiento, aunque el hecho de que su única oposición seria haya sido el Dortmund durante ese periodo podría explicar el desajuste entre los títulos y el gasto. Y así, continúa.

- 12° Liverpool (297 millones de libras)
- 11° Bayern de Múnich (328 millones de libras)
- 10° Inter de Milán (333 millones de libras)
- 9° Real Madrid (397 millones de libras)
- 8° Arsenal (413 millones de libras)
- 7° Juventus (421 millones de libras)
- 6° Chelsea (422 millones de libras)
- 5° AC Milan (436 millones de libras)
- 4° Barcelona (562 millones de libras)
- 3° Manchester United (847 millones de libras)
- 2° París St Germain (847 millones de libras)
- 1° Manchester City (1.100 millones de libras)

Así, el mayor gastador neto ha sido el Manchester City, el segundo el Paris St Germain y el tercero en la liga de la cartera abierta el Manchester United.

Pero es aquí donde quizá empecemos a ver algunas incoherencias en el equilibrio entre el gasto y la recompensa. Si la Champions League se toma como el estándar de oro del éxito europeo, entonces seguramente, si la relación entre el gasto y los trofeos es absoluta, estos tres equipos habrían dominado la competición europea en ese periodo. No lo han hecho. En los diez años transcurridos entre 2010 y 2019, su historial en la Champions League ha sido, en conjunto, el siguiente: ningún título, una final (Manchester United, en 2010) y dos semifinales, la primera en el camino del Manchester United a la final, la única del Manchester City a mediados de la década. El París Saint Germain sí llegó a la final en 2020, pero eso ocurre justo después del periodo de nuestra evaluación.

De hecho, las semifinales y los partidos posteriores han estado dominados por los tres gigantes españoles: el Real Madrid (9º que más gasta), el Barcelona (4º) y el Atlético de Madrid (fuera del top 25) y el Bayern de Múnich (11º). El Liverpool (12º) y la Juventus (7º) han tenido una buena actuación.

La relación, sin embargo, no siempre resulta exacta, como podemos ver si profundizamos aún más. Tomemos la Premier League inglesa en la temporada 2015-2016. Este fue, por supuesto, el año en el que el Leicester City, que estaba 5.000 a 1, ganó el título. Los que más gastaron esa temporada fueron, por orden, el Manchester City (¡para variar!) con 154,4 millones de libras esterlinas gastadas, el otro club de Manchester, el United, con 115,3 millones de libras esterlinas pagadas en nuevos jugadores, el Liverpool con 93,1 millones de libras esterlinas y el Chelsea, con un gasto relativamente, para ellos, moderado de 76,8 millones de libras esterlinas. Respectivamente, estos equipos terminaron 4º, 5º, 8º y 10º. El quinto que más gastó esa temporada fue el Newcastle

United, que desembolsó sólo medio millón de libras menos que el Chelsea. ¿Su recompensa? El descenso.

El Leicester, campeón, se situó en una posición media baja con un gasto moderado de 36,6 millones de libras; el Tottenham Hotspurs gastó más. Su octavo puesto, con 53,3 millones de libras esterlinas de gasto en nuevos jugadores, le permitió alcanzar la tercera posición en la liga. Pero el equipo que realmente desbarató la teoría de que gastar equivale a triunfar fue el Arsenal. El equipo del norte de Londres logró un segundo puesto en la liga (que incluía, por cierto, ganar al futuro campeón tanto en casa como fuera) con el menor gasto de la división.

Nuestra conclusión hasta ahora parece sugerir que el dinero marca una gran diferencia en la suerte de un equipo de fútbol profesional, pero no es el factor primordial. Pero antes de tratar de identificar cuál podría ser ese factor y de estudiar detenidamente cómo la analítica podría ayudar a un entrenador, propietario, director de fútbol o quienquiera que sea a alcanzar su objetivo final, quizás deberíamos considerar si nuestra mirada a la estadística, algo contundente, del gasto neto en fichajes es demasiado simplista.

Tal vez una herramienta mejor para relacionar el dinero gastado con el éxito del equipo sea la masa salarial de un equipo. El equipo más exitoso de Europa en los últimos veinte años es el Barcelona. 453 millones de libras esterlinas es su gasto anual en mantener a sus jugadores en Ferraris y relojes Rolex.

En segundo lugar, está el Real Madrid, que gasta 369 millones de libras al año para que sus bien pagadas superestrellas puedan permitirse los últimos cortes de pelo.

- 3° París St Germain (289 millones de libras) - dominante en el ámbito nacional, pero con una sola final europea en la última década, la de la temporada pasada de Covid.

- 4° Manchester United (286 millones de libras) - La factura salarial más alta de la Premier League, a punto de conseguir la Champions League.

- 5° Bayern de Múnich (270 libras) - probablemente el mejor equipo de Europa en la actualidad, y (en el momento de escribir este artículo) campeón de Europa.

- 6° Manchester City - (267 millones de libras) - Dominante, junto con el Liverpool, a nivel nacional, pero sólo el más pequeño de los trofeos ingleses para el dinero.

- 7° Liverpool (255 millones de libras) - Parece una ganga por un título de liga nacional y una Champions League europea en las dos últimas temporadas.

- 8° Chelsea (236 millones de libras) para conseguir la clasificación en la Champions League.

- 9° Arsenal (232 millones de libras) - Un entrenador que no funcionó con el club, Unai Emery, hace que esa cifra parezca cara, pero su sustituto, Mikel Arteta, que ha conseguido dos trofeos nacionales en seis meses, hace que el gasto parezca de repente rentable.

- 10° Juventus (224 millones de libras) - Ha dominado el mercado nacional.
- 11° Atlético de Madrid (182 millones de libras) - De nuevo, un desembolso relativamente modesto para los rendimientos obtenidos en las últimas temporadas.
- 12° Borussia Dortmund (160 millones de libras). Muy por detrás del Bayern de Múnich a nivel nacional, pero también es un club mucho más pequeño.

La conclusión a la que debemos llegar de este gasto salarial frente al rendimiento es que, al igual que con el gasto en fichajes, el dinero marca una gran diferencia, pero no lo es todo.

Entonces, ¿qué es lo que diferencia a los más ricos de los que sólo son extremadamente ricos? La respuesta, al parecer, es algo que puede ofrecer el entrenador. Examinemos cuánto de este beneficio de valor añadido proviene del uso de la analítica. La temporada 2019-2020 quizá no sea un buen ejemplo en el sentido de que el largo parón por la Covid ofreció un extenso descanso a mitad de temporada y, en algunas ligas, provocó el acortamiento de la misma. Sin embargo, es útil porque ofrece una visión de la profundidad de la plantilla necesaria para ganar títulos incluso cuando ese parón llega inesperadamente.

En la Ligue 1 francesa, el París Saint Germain fue, por tercera temporada consecutiva, campeón. Como guinda del pastel, también ganó la Coupe de France y la Coupe de la Ligue, y fue, como hemos visto, subcampeón de la Champions League. El equipo jugó 49 partidos en todas las competiciones, incluyendo el Trofeo de los Campeones. Once jornadas de su competición de liga nacional fueron canceladas debido a la COVID-19. Para completar esta exitosa temporada, utilizaron nada menos que treinta y un jugadores. De hecho, el único miembro de la plantilla del primer equipo que no se utilizó fue el cuarto portero, Garissone Innocent. El centrocampista Ángel di María fue el que más partidos disputó. Veintiún jugadores disputaron al menos veinte partidos.

Treinta jugadores saltaron al terreno de juego con la Juventus, de los cuales dieciséis disputaron al menos veinte partidos, pero al trasladarse a Inglaterra, la asombrosa cifra de cuarenta y cinco jugadores representó al Liverpool, que se proclamó campeón de la Liga y del Mundial de Clubes. Sin embargo, más en consonancia con otros equipos europeos que ganaron su título nacional, utilizaron dieciséis jugadores más de veinte veces. Aun así, en una señal de que el equipo del Liverpool estaba asentado, todos ellos, excepto dos, disputaron al menos treinta y siete partidos.

El total del Liverpool está un poco distorsionado porque se vio obligado a alinear un equipo casi completamente de tercera categoría en una ronda de la Copa de la Liga, al coincidir el encuentro con su Campeonato Mundial de Clubes.

Al ganar la Bundesliga, el uso de jugadores del Bayern de Múnich coincidió con el patrón establecido anteriormente. Catorce jugadores con al menos veinte apariciones, y otros quince que aparecieron al menos una vez.

Lo que podemos concluir razonablemente es que el juego moderno es un juego de escuadras, en el que los equipos más exitosos tienen un núcleo de entre dieciséis y veinte jugadores a los que pueden recurrir en la mayoría de los partidos importantes, con un número de jugadores adicionales, quizás los jóvenes siendo probados, que se incorporan a las competiciones de copa más pequeñas. Los días en los que una plantilla de trece o catorce jugadores llevaba a un equipo a lo largo de la temporada nacional han quedado atrás.

Sin embargo, se arroja una estadística interesante. El Norwich City acabó último en la Premier League inglesa. Sin embargo, sólo trece jugadores disputaron al menos veinte partidos, y sólo diez más de veinticinco. Diecisiete jugadores disputaron menos de veinte partidos, en su gran mayoría como suplentes. Diez jugadores disputaron diez o menos partidos. Esto apunta a una falta de profundidad en la plantilla en cuanto a la calidad, si no a la cantidad, lo que puede haber contribuido a la desaparición del Norwich.

Por lo tanto, si llegamos a la conclusión de que, para tener éxito, un equipo necesita una plantilla básica de al menos dieciséis jugadores que puedan rendir de forma constante al más alto nivel, con un número similar que pueda venir a sustituir a los jugadores lesionados, o a ofrecer una rotación de la plantilla para dar descanso a un jugador, cabe preguntarse cómo se seleccionan esos jugadores en primer lugar.

La respuesta es, por supuesto, a través de la analítica. A través del estudio de los datos para determinar qué jugadores pueden progresar en el programa de la academia de un equipo, y también qué jugadores se convertirán en objetivos de transferencia.

Hemos visto que es vital ser un club rico para ganar las competiciones más importantes, pero no necesariamente el más rico. Hoy en día, con propietarios multimillonarios, el Manchester City y el París Saint Germain se encuentran en la primera tabla de los equipos más ricos del mundo. Ninguno de los dos ha ganado la Champions League. Entonces, ¿qué más contribuye al éxito en su máxima expresión?

La táctica, el espíritu de equipo, la suerte (¿o la preparación?) para evitar lesiones importantes de jugadores clave. Todo ello juega claramente su papel. Cuando el Barcelona era el mejor equipo del mundo, durante la época de la gran selección española de finales de los años noventa y principios de la década pasada, todos sus jugadores eran magníficos. Eso es innegable.

Pero bajo la dirección de Pep Guardiola, desarrollaron el estilo de juego tika taka, que revolucionó su enfoque táctico para controlar la posesión, y que los análisis sugieren que ningún equipo fue capaz de replicar.

El Barcelona, basado en sesiones de entrenamiento rondo (ejercicios con peso que permitían ejercer una presión mínima sobre el balón, lo que permitía a los jugadores desarrollar los toques más finos), movía el balón con rapidez y fluidez. Jugando a menudo con un falso nueve, es decir, sin delantero centro, su juego basado en la posesión del balón creó oportunidades de gol para jugadores de todo el campo.

Por supuesto, ayudó que en los tres grandes del equipo, Xavi, Iniesta y, por supuesto, el imperioso Lionel Messi, tuvieran a los jugadores con el toque, la perspicacia y la creatividad para explotar su juego basado en la posesión. Sin embargo, era un sistema de juego imitado en todo el mundo, aunque nunca se igualara realmente.

Pero, al parecer, todas las formaciones tácticas tienen su día. Tal vez los entrenadores rivales consigan averiguar, a través de la analítica, cómo anular las tácticas de los hombres de Guardiola. Y así, el fútbol evoluciona. Probablemente, la tendencia táctica más reciente ha sido la prensa alta. Visto por primera vez en el equipo del Borussia Dortmund, de ritmo rápido y acción total, bajo la dirección de Jürgen Klopp, y luego en su exitoso equipo del Liverpool, este enfoque requiere un increíble trabajo en equipo y una forma física extrema.

Sin la posesión del balón, un equipo caza la pelota en grupo, presionando a los defensores que, por lo general, son menos hábiles con el balón que los compañeros que actúan más arriba. Al cerrar a los equipos cerca de su propia portería, los jugadores se ven obligados a jugar el balón en largo, concediendo la posesión, o, lo que es más peligroso, a intentar jugar fuera, arriesgándose a perder la posesión en su propio campo. El equipo que presiona, con jugadores ya muy adelantados, convierte entonces este punto de transición en un ataque rápido, superando a los rivales en su propio campo y creando serias amenazas de gol.

Pero los entrenadores ya están encontrando formas de superar esto. Un enfoque clave que se está viendo en las principales ligas del mundo consiste en que los equipos jueguen el balón desde atrás. Esto requiere intensos ejercicios de entrenamiento para crear espacios y mejorar el toque. Pero a menudo la clave está en el jugador de recambio; y ese es el portero. Hoy en día, a los mejores porteros no sólo se les exige que atajen el balón, sino que se sientan cómodos con la posesión, que sean capaces de pasar e incluso de regatear, con confianza, precisión y dos pies. Por supuesto, esto ha provocado que se concedan algunos goles absurdos: porteros que intentan superar a un delantero que se precipita y son derribados; defensores que controlan mal un pase o que se lanzan a por uno de los suyos. Pero está claro que los entrenadores creen que este tipo de construcción desde atrás es el camino a seguir. Literalmente. Ciertamente, ha dado lugar a algunos goles espléndidos cuando los adversarios presionan muy adelante y dejan huecos atrás. El primer partido de la temporada 2020 en la Premier League inglesa es un ejemplo de ello. Un par de pases cortos y sencillos que comenzaron con Bernd Leno, el portero, llevaron al centrocampista Mohammed Elneny a romper hacia la línea de medio campo. Elneny cedió el balón a Alexander Lacazette en la línea de medio campo, que fue objeto de una falta al girar. Willian recogió el balón suelto y recorrió diez metros antes de lanzar un excelente pase cruzado al delantero Pierre Emerick Aubameyang. La velocidad de la jugada hizo que el letal delantero dispusiera de mucho espacio (un bonito cliché futbolístico que merece ser incluido en la introducción). Se internó por la banda izquierda, recortó hacia la derecha y el balón se coló en la portería.

Un gol para 2020. Intuitivo, sí. Pero ya veremos, uno construido sobre la base de complejos y extensos análisis.

Un breve mensaje del autor:

¿Te está gustando el libro? Me encantaría conocer tu opinión.

Muchos lectores no saben lo difícil que es conseguir reseñas y lo mucho que ayudan a un autor.

Te agradecería muchísimo que te tomaras sólo 60 segundos para escribir una breve reseña en Amazon, ¡aunque sólo sean unas pocas frases!

Ve a la página del producto y deja una opinión como se muestra a continuación.

Gracias por tomarte el tiempo de compartir tus opiniones.

Tu reseña marcará realmente la diferencia para mí y ayudará a dar a conocer mi trabajo.

ANÁLISIS EN ACCIÓN

Casos prácticos que ilustran la eficacia de los análisis de alta calidad.

"Desde el principio, cuando algo estaba mal, he estado diciendo: ¡Ding dong, ding dong, despierta, despierta! Así que el día de Navidad compré para todos los jugadores y todo el personal una campanita. Era sólo una broma". - *Claudio Ranieri, entrenador del Leicester City cuando hicieron lo imposible y ganaron la Premier League inglesa.*

Quizás fue el generoso regalo de Ranieri a su plantilla lo que ayudó a asegurar al Leicester City ese título de la Championship de 5.000 a 1. Lo más probable es que fuera algo más complicado que eso. Para ayudarnos a comprender la forma en que el uso eficaz de la analítica puede realmente conducir al desarrollo de un equipo de fútbol, consideremos algunos estudios de casos detallados. Más adelante, echaremos un vistazo al Leicester, pero para empezar, dirijámonos a las ligas alemanas.

TSG Hoffenheim

El equipo alemán es tradicionalmente uno de los escalones más bajos del fútbol. Su prolongada permanencia en la primera división de la Bundesliga se debe, como todo lo demás, de hecho, probablemente más que nada, a la influencia del uso eficaz de la analítica del fútbol. TSG Hoffenheim genera unos ingresos de unos 65 millones de euros al año. Ya hemos visto en capítulos anteriores que esos ingresos no van a

48

suponer un éxito en la Champions League, ni siquiera un título de liga en un sistema tan competitivo como el de las ligas alemanas. Por lo tanto, el hecho de que el Hoffenheim no sólo haya conservado su condición de equipo de alto nivel, sino que haya mejorado su permanencia en la primera división, representa un éxito considerable para un club pequeño.

El TSG Hoffenheim, tal y como es hoy en día, se formó en 1945 cuando los clubes locales de fútbol y gimnasia se combinaron. Incluso a principios de los años 90, el equipo era amateur y competía en la Liga A de Baden-Wittenberg. ¿Y qué? podríamos pensar. Pero el Hoffenheim participaba en realidad en la octava división de esa liga.

Muy abajo en la pirámide del fútbol alemán. Sin embargo, la mejora se produjo y a mediados de la década de los noventa habían alcanzado la sexta categoría del fútbol alemán.

Fue diez años más tarde cuando llegó el gran impulso, de la mano del propietario del club, Dietmar Hopp, un magnate del software informático que tuvo la visión de ver que un análisis eficaz podía superar el pequeño tamaño del club. En los primeros tiempos, la tecnología se combinó con un programa de desarrollo de la juventud muy completo y con una labor de ojeo en profundidad. Cuando comenzó la temporada 2008, el cuento de hadas estaba casi cumplido, y el Hoffenheim estaba en la primera división de la Bundesliga.

En 2015, Hopp dio el siguiente paso, desarrollando uno de los tres únicos "footbonautas" del mundo. Se trata de una herramienta de entrenamiento, basada en la analítica, que recogía métricas sobre la habilidad y la fuerza de los jugadores. La medida fue controvertida, y en un patrón que veremos repetido, los "profesionales del fútbol" en el personal de la trastienda se mostraron dudosos sobre el uso de la tecnología, y resistentes al cambio como resultado.

Pero Hopp estaba decidido, y la primera área de mejora que buscó fue hacer que la toma de decisiones de los jugadores fuera más rápida y mejor. Jan Mayer era el psicólogo deportivo del Hoffenheim, un pequeño pueblo de poco más de 3.000 habitantes, encargado de llevar a cabo este cambio.

Descubrió que los futbolistas eran realmente mejores en el juego moderno. Por ejemplo, al comparar el Mundial de 2014 con el de 1966, la investigación demostró que los pases eran un 35% más precisos y considerablemente más rápidos. Incluso en el periodo relativamente corto entre 2006 y 2014, la selección alemana, utilizando el sistema de apoyo al análisis de datos del propio Hopp, había acelerado su juego para pasar el balón de una media de 2,9 segundos en la posesión de un jugador, a 0,9 segundos. Es un tópico muy repetido que el balón se mueve más rápido que un jugador, por lo que cuanto más rápido pueda soltar el balón ese jugador, más daño infligirá al rival.

Mayer descubrió dos tipos de pensamiento en los jugadores. La memoria muscular, las decisiones automáticas que a menudo se denominan erróneamente "instinto". Esto podría incluir, por ejemplo, el control de un balón en la media vuelta, listo para dar un pase efectivo, mientras se protege el balón con el cuerpo. En segundo lugar, y este fue el factor que convirtió a los futbolistas técnicamente muy buenos en futbolistas de primera clase, la toma de decisiones de la "función ejecutiva". Esto es, en términos sencillos, el pensamiento táctico.

Mayer identificó que, si podía acelerar este pensamiento ejecutivo, los jugadores serían mejores. Lo consiguió gracias a la tecnología. Un ejemplo fue su desarrollo del entorno artificial Helix de 180 grados, en el que aparecen avatares que representan a los compañeros de equipo y a los adversarios. Fundamentalmente, Mayer y Sapp crearon un videojuego personalizado que podía adaptarse a los puntos fuertes y débiles de los jugadores, agilizar sus respuestas y conducir a escenarios de resolución de problemas.

"Resulta que los videojuegos son buenos para mejorar las funciones ejecutivas, lo que puede entristecer a los padres", explica Mayer con una sonrisa.

De hecho, el trabajo llevó a los jugadores a demostrar una mejor conciencia posicional y su visión periférica fue mejorada.

Este es sólo uno de los programas de análisis que emplea el Hoffenheim. Aprovechando los vínculos de Hopp con SAP, el club también utiliza un paquete llamado "Sports One". Éste contiene un software para medir el impacto de gestión de equipos y ofrecer soluciones para diferentes escenarios. Incluye programas sobre la planificación del equipo, así como los elementos más tradicionales de la preparación física de los jugadores y la búsqueda de talentos.

Pero la pregunta clave es: ¿funciona? Los datos parecen indicar que sí. El Hoffenheim es uno de los equipos más prudentes de la Bundesliga a la hora de gastar. Si esto se debe a la necesidad o a la política (o, más probablemente, a ambas) es una cuestión para los contables. Sin embargo, el club supera constantemente los límites de la economía pura (es decir, la asistencia media, el gasto en fichajes y el gasto en salarios) y ocupa el decimotercer lugar en cuanto a número de espectadores, lo que es aún más sorprendente si se tiene en cuenta que la ciudad es muy pequeña. Está en la mitad de la tabla en lo que respecta a su gasto salarial y de fichajes. Sin embargo, la temporada pasada volvió a quedar entre los seis primeros y se clasificó para las competiciones europeas. En los primeros compases de la campaña 2020-2021, el equipo ha empezado con buen pie, siendo líder de la liga en los primeros partidos.

Recordando que el equipo ya está rindiendo muy por encima de su nivel natural al estar en la primera división de la Bundesliga, entonces su posición final en la liga antes de la introducción de la tecnología SAP, es decir, el periodo entre 2008 y 2013 era el 11° de media. En las seis temporadas transcurridas desde su introducción, esa posición media ha subido al 7° puesto. Y lo que es más importante, en ese periodo el club se clasificó dos veces para la Champions League.

Imagínate, un club de un pueblo de 3.000 habitantes, que juega en una de las cuatro ligas más potentes del mundo, clasificándose para la Champions League. Sin duda, eso representa tanto éxito como que el Real Madrid gane tres finales de la Champions League seguidas.

Leicester City - Los campeones imposibles.

El final de la temporada 2014/2015 no había sido bueno para el Leicester City, equipo de la parte baja de la tabla de clasificación de una conurbación de las Midlands Orientales que, para ser sinceros, era bastante anodina. De hecho, Leicester era más famoso, en el sentido deportivo, por su equipo de rugby union, los Tigers, uno de los más fuertes del país. Más allá de eso... bueno, Leicester está situada cerca de la M1, la principal autopista de Inglaterra y... umm... tiene un museo del espacio y unas obras de alcantarillado (adyacentes, pero no combinadas, afortunadamente) abiertas al público.

Entonces, Nigel Pearson, un entrenador que había ayudado a salvar al club del descenso, fue despedido. Fue un suceso algo sórdido el que provocó su despido. Algunos jugadores, entre ellos su hijo, se habían grabado durante una gira de pretemporada realizando actividades insalubres en la habitación de un hotel con un grupo de chicas locales. No eran los primeros, ni los últimos, jóvenes que se comportan mal. Pero el fútbol está en el ojo público. Incluso un equipo como el Leicester City. Pearson se fue, y en su lugar fue nombrado el Tinkerman, el experimentado y más exitoso de lo que se le da crédito al italiano, Claudio Ranieri. Los hinchas del Leicester se sintieron decepcionados. Todos los aficionados creen que su club es el destino soñado de todos los jugadores internacionales, de todos los directivos de alto nivel. Por supuesto, no lo son. Los fieles del Leicester pensaron que se merecían un nombre emergente como Jurgen Klopp; obtuvieron un hombre que creían que era alguien "del pasado", con muy poco en el cajón del "presente". Se equivocaron.

Describir al Leicester City como un club también es subestimar su ambición. Y el uso de la tecnología que han empleado para conseguirla. Prozone es el principal proveedor de sistemas métricos de los clubes de la Premier League. Ya en los primeros años del siglo, el ex seleccionador de Inglaterra Sam Allardyce mantuvo a su anticuado equipo del Bolton en la primera división en gran medida gracias a los datos que le proporcionó su defensa de la analítica. El Leicester fue uno de los equipos que realmente se lo creyó.

En el momento de su mayor triunfo (avanzó bien en la Champions League la temporada siguiente, y parecía ser el principal rival del

Liverpool y el Manchester City en la temporada 2019/2020, antes de caer en la reanudación tras la suspensión de la temporada por COVID-19).

Durante su apogeo, el Leicester empleó el sistema más avanzado que poseía Prozone. Los jugadores llevaban monitores que garantizaban la máxima condición física. Estos medían métricas que iban desde la distancia recorrida, pasando por los sprints y otras carreras de alta intensidad. La forma física de los jugadores también se protegía mediante el uso de un dispositivo llamado OptimEye S5. Se trata de un monitor que se lleva en la parte superior de la espalda. Uno de sus principales objetivos es controlar el riesgo de lesiones. El monitor es capaz de seguir el rendimiento del jugador y compararlo con la carga máxima de trabajo normal del jugador. Los jugadores son mucho más propensos a lesionarse cuando han trabajado en exceso que cuando están frescos. No sólo porque su condición física está debilitada, sino también porque mentalmente se cansan y, por tanto, es más probable que tomen decisiones desacertadas.

De este modo, incluso cuando un jugador está rindiendo bien, el cuerpo técnico es capaz de detectar cuándo su rendimiento está a punto de decaer y cuándo corre el riesgo de lesionarse. Entonces, se puede sustituir a un jugador o apoyarlo con un cambio táctico, lo que ayuda a preservar su forma física.

Otro importante factor de riesgo de lesión es volver a la acción demasiado pronto después de recuperarse de otra lesión. El sistema también ayuda a controlar esto, midiendo la carga de trabajo de un jugador en el entrenamiento y comparándola con sus datos normales cuando está en forma.

Al igual que con el uso de datos del Hoffenheim, el sistema funcionó. El primer equipo del Leicester era, con toda probabilidad, sólo el octavo o noveno mejor de la liga. Era famoso por lo barato que resultaba armarlo. Sin embargo, ese primer equipo era mejor que las segundas y terceras opciones de otros clubes.

El Leicester fue, con diferencia, el que menos lesiones sufrió durante esa temporada. Sólo una cuarta parte del equipo más lesionado, y sólo hubo dieciocho lesiones que requerían que se perdiera un partido en toda la plantilla durante toda la temporada.

Algunos medios de comunicación lo atribuyen a la suerte. Pero no es suerte. Es ciencia. Un uso eficaz de la analítica que da resultados.

La temporada milagrosa del Leicester no sólo se basó en mantener a su equipo en forma. Cada jugador recibía un informe personalizado antes y después del partido, elaborado por el equipo técnico del club, en el que se detallaban las estadísticas, se sacaban conclusiones de esos datos y se respaldaban con imágenes del partido. Se trata de llevar a la enésima potencia la práctica de Don Revie de elaborar expedientes para su equipo desde hace cincuenta años. Todos los profesores explicarán que satisfacer las necesidades individuales de un alumno, y orientar su aprendizaje a su propio nivel, es la manera de conseguir el máximo progreso. Tiene todo el sentido del mundo que se enseñe a los futbolistas de la misma manera.

Los datos, al menos para los partidos en casa, estuvieron disponibles de inmediato. El equipo de análisis ocupaba una sala en el King Power Stadium del club con un enlace directo al vestuario local para poder utilizarlo durante la charla del equipo en el descanso. Estos análisis se utilizaron para identificar dónde ganaban o perdían los jugadores los duelos individuales, y de dónde procedían las oportunidades de los rivales. La información se presentaba de inmediato al equipo de vestuario y al entrenador, de modo que pudiera utilizarse para cambiar el juego.

Por supuesto, los cínicos dirán que los mejores gestores detectarán esas tendencias en cualquier caso. Esto es cierto, hasta cierto punto. Pero ningún par de ojos puede ver a once jugadores como lo hace la tecnología. Incluso lo que presencian los entrenadores se juzga a través de los ojos manchados de un humano y se filtra a través de los inevitables estados de ánimo y prejuicios que todos padecemos. Los datos son fríos y objetivos. Esa es su fuerza.

Otra herramienta era que el rendimiento de cada jugador se evaluaba objetivamente en términos de métricas, velocidad, distancia recorrida, pases, entradas, disparos, sprints, carreras de alta intensidad, etc., y se comparaba con su media de la temporada. De este modo, el seleccionador disponía de una evaluación objetiva de los jugadores que se encontraban en su mejor momento, de los que estaban decayendo, de los que necesitaban un descanso y de los que necesitaban un estímulo. Ding dong, ding dong.

Las métricas no pueden sustituir a la gestión humana, pero sí pueden ayudar a mejorarla.

Pero hay otro factor importante que ayuda a explicar cómo el Leicester ha conseguido mantener su éxito en gran medida. Uno de los mayores retos para el uso de los datos es el cinismo, la actitud de los antiguos profesionales que hemos destacado antes, y de la que el Hoffenheim sufrió cuando intentó introducir la analítica. Ese cinismo es comprensible en el caso de los antiguos profesionales que no tenían experiencia de los beneficios que podía aportar. Pero todo jugador quiere jugar, y jugar bien, sea cual sea el peor elemento que las bases de aficionados y los medios de comunicación podrían sugerir. Todos los jugadores quieren prolongar su corta carrera, mantener la diversión, la emoción y el dinero durante el mayor tiempo posible. La analítica ayuda a prolongar la carrera de un jugador. Lo hacen de dos maneras. Identifican los factores físicos para garantizar que el jugador se mantenga en forma y así evitar las posibilidades de sufrir lesiones que acorten su carrera. También ayudan a un jugador a seguir los cambios de forma, ayudándole a centrarse en las áreas que necesitan mejorar, y manteniéndolo en el pensamiento de su entrenador cuando se trata de la selección del equipo.

El asombroso logro del Leicester al ganar la Premier League fue notable. Pero, tal vez, no tan sorprendente como podría parecer a primera vista.

Casemiro del Real Madrid - Utilizándo las métricas para identificar al jugador que necesita un equipo

El Real Madrid ganó tres finales de la Champions League seguidas desde 2016 hasta 2018. En la final de 2017, no fue la superestrella Ronaldo quien fue identificado como la mayor amenaza del equipo español por su rival, el entrenador de la Juventus, Massimiliano Allegri. Ciertamente, Ronaldo marcó dos goles en la victoria del Real por 4-1, pero Allegri identificó al brasileño Casemiro como el hombre que tenía la clave para que el fútbol fluido del Real pudiera prosperar.

Casemiro es un ejemplo de cómo un entrenador puede utilizar las métricas para encontrar la pieza clave de su rompecabezas. Con Rafa Benítez, el Real era un buen equipo, pero el nuevo entrenador Zinedine Zidane, uno de la nueva hornada de futbolistas de clase mundial que se enfundó el chándal y la chaqueta y corbata de los días de partido para entrenar a equipos punteros.

El equipo del Real que heredó Zidane brillaba con diamantes.

Luca Modric, Toni Kroos, Karim Benzima, Gareth Bale... todos ellos superestrellas por derecho propio y capaces de dar más brillo a la principal joya de la corona, el gigante portugués Ronaldo. Pero si bien los diamantes brillan bajo la luz adecuada, a veces pueden caerse y dispersarse. En torneos tan competitivos como la Champions League y la Liga, los errores se pagan caros. Zidane se dio cuenta de que hacía falta algo que mantuviera unidos los diamantes, que los mantuviera seguros en caso de que cayeran al suelo.

Ese jugador sería un centrocampista defensivo. Uno que fuera fiable y disciplinado y en el que se pudiera confiar para que las joyas que tiene delante brillaran. Casemiro recorre con frecuencia más de 13 kilómetros durante un partido. Una cantidad fenomenal, que le permite adoptar posiciones tanto para apoyar los ataques como para cubrir las rupturas del rival.

Pero Zidane necesitaba algo más que un tapón. El plan de juego del Real se basaba en que los laterales se adelantaran, los centrales presionaran para crear una presión alta y ganar la posesión para lanzar ataques rápidos. Por lo tanto, lo que se necesita es un jugador que pueda recoger la posesión en el centro del campo profundo y lanzar pases precisos para iniciar nuevos ataques a velocidad y con precisión. Las métricas de Casemiro indican que es uno de los mejores de la costosa plantilla de Zidane en esta función. Hay que tener en cuenta que, aunque es más que capaz de producir pases incisivos de largo alcance, de los que llaman la atención, Casemiro es asombrosamente preciso con su juego de pases cortos. Su toma de decisiones es rápida y pasa con precisión.

Además, es el mejor jugador de la plantilla para actuar como pivote entre la defensa y el ataque, ya que su precisión en el pase y su visión de juego (identificada, estadísticamente, a través de sus métricas) le permiten lanzar nuevos ataques y permitir que sus compañeros del centro del campo presionen.

Uno de los problemas del juego ofensivo que deseaba Zidane era que, cuando un ataque se rompe, cualquier equipo es susceptible de sufrir un ataque del rival. A pesar de su riqueza y reputación, el Real, bajo el mando de Zidane, no era inmune a esto. Lo que se necesitaba para mitigar este riesgo era un jugador móvil y en forma, Casemiro, pero también uno con una excelente disciplina posicional. Los mapas de calor de los movimientos del brasileño durante el partido mostraron a un jugador en el que se podía confiar para estar en el lugar correcto si un ataque se rompía.

Cuando Zidane tomó el mando por primera vez en el Real Madrid, se hizo cargo de un equipo que brillaba como un coche deportivo y era igual de rápido y mortal. Sólo que, aunque su motor era bueno, no era un Rolls Royce. Necesitaba un componente clave para sacar lo mejor de su espléndido vehículo. Como dijo una vez, no era otra capa de pintura dorada lo que necesitaba el Real, por mucho que eso pudiera impresionar al público y al Presidente, era algo que hiciera fiable al equipo.

Al estudiar las métricas del club, Zidane se dio cuenta de que ya tenía a ese mismo jugador en su plantilla, aunque la mayor parte de las veces en el banquillo o en la reserva. Casemiro pasó a ser el primer nombre en la hoja del equipo. Se convirtió en el eje alrededor del cual el equipo podía brillar.

EMPLEAR LA ANALÍTICA EN LA FORMACIÓN

A partir de nuestro estudio sobre el uso de la analítica en la formación por parte del Leicester City, más análisis de los beneficios que ofrecen las métricas en la formación.

¿Cuánto entrenamiento de fútbol se necesita para convertirse en un jugador de primera? Depende de la eficacia de tu régimen de entrenamiento". - Pelé, el mejor jugador del mundo de todos los tiempos.

En este capítulo profundizaremos aún más en cómo se utiliza la analítica en el fútbol profesional en las sesiones de entrenamiento, y cómo se traduce en la estrategia de los partidos. Como siempre, los entrenadores de equipos amateurs y juveniles pueden tomar los ejemplos de lo que se hace en la cúspide del juego y tratar de adaptarlo a sus propias circunstancias.

No se puede evitar el hecho de que el fútbol, como deporte, contiene más jugadas al azar que casi cualquier otro. Las variables son inmensas, por lo que el uso de un proceso objetivo como la analítica nunca resolverá todos los enigmas. Pero ahí está la gracia del juego. Si no hubiera elementos aleatorios, los resultados serían mucho más predecibles. Con un campo de juego completamente nivelado de datos objetivos, el más rico ganaría siempre, en lugar de sólo ganar habitualmente, como ocurre en la actualidad.

Esta aleatoriedad del fútbol es algo que consideraremos con más detalle más adelante. Sin embargo, el fútbol no es un deporte determinado únicamente por la suerte.

La analítica puede marcar la diferencia, sobre todo en los entrenamientos, para sacar el máximo partido a los jugadores, determinar su estado de forma y ofrecer información sobre su estado de forma. Las analíticas pueden utilizarse para identificar las áreas del juego de los jugadores que deben mejorar, tanto para maximizar su papel en el equipo como para maximizar su propio potencial.

En los niveles más altos, los jugadores se someterán a intensas mediciones durante sus sesiones de entrenamiento. Los jugadores llevan rastreadores GPS para medir sus movimientos, con y sin balón. A continuación, un software traduce la información para evaluar su ritmo de trabajo, sus movimientos, su implicación y cualquier otro factor de juego que pueda influir en su rendimiento.

Eso no es todo. Los monitores de frecuencia cardíaca analizarán los niveles de acondicionamiento físico y ayudarán a optimizar la preparación para los partidos. Los sensores de aceleración controlarán el análisis del movimiento, probablemente más útil, que mide los sprints y las explosiones intensas de acción. Es tal el valor que tiene para los clubes conocer el nivel de forma física de sus jugadores que están empezando a surgir otros elementos de seguimiento bastante intrusivos. El seguimiento de la dieta es quizás comprensible. Sin embargo, factores como los hábitos de sueño pueden ayudar a promover el rendimiento, pero uno se pregunta dónde se detendrá cuando los clubes traten de obtener el máximo rendimiento de sus jugadores.

Los días de pescado y patatas fritas más un par de pintas de la mejor cerveza de camino a casa después de un partido han quedado atrás.

De hecho, la siguiente etapa del análisis de datos está empezando a surgir.

Ahora hay tantos datos disponibles que los clubes tienen un exceso de información. La etapa en la que entra la analítica es la de ver cómo se utilizan los datos, no sólo qué datos se emplean. Los datos básicos, distancia recorrida, entradas realizadas, pases completados, etc., simplemente no son suficientes para los clubes que buscan obtener una ventaja competitiva sobre sus oponentes.

El diablo está en los detalles; nunca el tópico ha sido más apropiado. Si el fútbol consiste en ganar partidos, y seguramente a nivel profesional en eso se ha convertido, eso se consigue marcando más goles que el rival. Hoy en día, rara vez se ven las habituales palizas que solían producirse en las competiciones internacionales de clasificación. Esto se debe a que es más fácil impedir que un equipo marque, que marcar uno mismo. Por lo tanto, son raras las palizas de 8-1 que podrían haber sufrido equipos como San Marino o Liechtenstein. En cambio, las derrotas son por 2-0 o 3-0. No son realmente competitivas, pero están de camino a serlo (Liechtenstein es un buen ejemplo: en su historial de clasificación para la Eurocopa, han jugado 68 partidos, con cinco victorias y 54 derrotas. En ese tiempo han marcado veinte y han recibido 190 goles. Pero cuatro de esas victorias y dieciséis de sus goles marcados se han conseguido en los últimos cuatro torneos. Al mismo tiempo, recibieron una media de casi cuatro goles por partido antes de 2008, y sólo tres goles por partido desde entonces).

De este modo, los equipos pueden ahora prepararse para defenderse y evitar la derrota con eficacia.

Son los ejercicios empleados en el entrenamiento los que les ayudan a desarrollar estrategias defensivas eficaces. Muchos lo hacen con la esperanza de marcar a partir de un quiebre, un error defensivo de sus oponentes más fuertes o de una jugada a balón parado.

Ganar ese 1% de ventaja marginal gracias al uso innovador y original de la analítica podría ser suficiente para ganar un partido contra una defensa tan decidida.

Y así, la analítica se emplea en todos los aspectos de un club. Desde el desarrollo de los jóvenes, pasando por el entrenamiento del primer equipo, la estrategia y la táctica de los partidos, el análisis posterior a los mismos, la dieta, el sueño, la política de fichajes y hasta la dirección de la sala de juntas.

Esta demanda crea tanto una presión como una oportunidad para los analistas comerciales que buscan el negocio de los clubes. En este sentido, Prozone responde constantemente a las demandas de los clubes. Una de sus innovaciones más recientes es un paquete llamado Performance Lab. Éste utiliza los datos puros recogidos durante los partidos y los entrenamientos para ofrecer ideas estratégicas sobre aspectos tan diversos del juego como la inteligencia del juego, el seguimiento de los jugadores, la gestión de activos y perfiles tácticos. Los directivos de la vieja escuela podrían empezar a preguntarse cuál será su papel dentro de unos años. Pero los datos marcan la diferencia. Las métricas, los aspectos de los datos, marcan la diferencia. La información proporcionada se utiliza para informar sobre la eficacia de los estilos de juego, evaluando el grado de aceptación por parte de los jugadores de las tácticas que se les asignan.

Se utiliza para cuantificar la capacidad de un jugador. Ayuda a reducir el riesgo de lesiones y a medir la creatividad relativa de un futbolista.

Y, tranquilizadoramente, incluso los propios analistas reconocen que su papel es apoyar al entrenador, no sustituirlo. Al fin y al cabo, un momento de magia, un error defensivo o una decisión arbitral pueden determinar a menudo el resultado de un partido. Y la analítica no puede predecirlos. ¿O sí?

LAS MÉTRICAS CLAVE PARA EL ANÁLISIS POSTERIOR

<u>A partir de nuestro estudio sobre el uso de la analítica en la formación por parte del Leicester City, más análisis de los beneficios que ofrecen las métricas en la formación.</u>

"Es mejor ganar diez veces 1-0 que ganar una vez 10-0". Vahid Halilhodzic, entrenador de la selección nacional de Marruecos.

Para encontrar el verdadero nacimiento de la analítica en el fútbol podemos remontarnos a los años 50, y al antiguo comandante de ala de la RAF Charles Reep.

Significativamente, un hombre de fútbol sólo como aficionado, no como jugador. Su interés era examinar las jugadas de pase que conducían a los goles. Descubrió que la mayoría de los goles se producían tras tres o menos pases.

El juego de la pelota larga. Oh, vaya. Avanzamos hasta finales de la década de 1990, y la aparición de Prozone, cuyo papel cada vez más importante en el juego comenzó con un club anteriormente exitoso que ahora está un poco de capa caída: el Derby County del campeonato inglés. A continuación, nos saltamos una generación de jugadores y nos adentramos en la década anterior. Poco a poco, los entrenadores se van dando cuenta de que el simple hecho de saber que David Silva marca algo menos de un gol cada cinco partidos y que tiene una precisión de tiro del 34% es muy interesante, pero ofrece poco de la verdadera historia del genio español. Hacía falta algo más.

Las empresas de analítica se sentaron, olieron el aire y el café con sabor a hierba. Era el momento de cambiar en el mundo de la analítica.

Hoy en día se acepta que hay dos formas principales de recopilar datos; la primera, de larga data, implica la recopilación de datos agregados, y la otra rastrea el movimiento en tiempo real tanto de los jugadores como del balón durante el juego. Pero sea cual sea el sistema que se emplee, hay ciertos objetivos clave que hay que determinar. Estos son:

1) La medida en que el equipo fue capaz de aplicar la estrategia y la táctica previstas antes del partido.

2) La fuerza relativa y el rendimiento de la oposición, y cómo eso influyó en la ejecución del plan de juego.

3) La actuación de los individuos, incluida su capacidad para cambiar de planes según la necesidad.

El análisis consistirá entonces en juicios cuantitativos, es decir, los datos estadísticos y numéricos que son relevantes para el juego. Esto puede incluir, por ejemplo, la cantidad de posesión que tuvo el equipo, la cantidad de disparos realizados, los que van a puerta, los disparos permitidos por la propia defensa del entrenador. El tipo de datos puros que, con la tecnología disponible ahora, es relativamente fácil de asimilar. Para ser justos, este tipo de análisis siempre se ha realizado después de los partidos. Sólo que ahora los datos son precisos, en lugar de estar determinados por la percepción de quienes recogen la información.

La segunda parte del análisis es la más difícil de determinar, y también la más valiosa. Se trata de los nuevos datos señalados al principio de este capítulo. Se trata de la evaluación cualitativa del juego mediante un análisis técnico y táctico de las fases del mismo.

Una evaluación que utiliza tecnología avanzada para rastrear el movimiento de los jugadores con y sin balón, para captar las fases del juego y para evaluar lo bien que los jugadores toman decisiones para anticipar lo que sucederá a continuación. Estos datos no solo informan al entrenador de lo que su equipo, y los jugadores que lo constituyen, han conseguido, sino también de cómo lo han hecho.

Con estos dos conjuntos de información a disposición del entrenador, ahora puede llevar a cabo su evaluación del juego después del partido. Para facilitar la descripción, nos referiremos al equipo "local" como el Equipo H, y al equipo contrario como el Equipo O, mientras exploramos cómo los entrenadores podrían llevar a cabo su análisis.

¿Se ha cumplido la estrategia?

Es un punto de partida razonable. Si los datos demuestran que la estrategia se cumplió y el resultado siguió siendo malo, la culpa no puede ser de los jugadores. Más bien que la táctica fue inadecuada. La analítica utilizada para determinar el grado de cumplimiento de la estrategia del entrenador dependerá de lo que implique esa estrategia. Por ejemplo, digamos que el análisis del Equipo O identificó una tendencia al avance de sus laterales. ¿La estrategia fue empleada para contrarrestar esto sirve para detener a los centrocampistas laterales del equipo H? La evaluación cualitativa podría demostrar que los laterales del equipo O se adelantaron, y la evaluación cuantitativa mostrará que lograron crear finalmente cinco oportunidades de gol, dos de las cuales fueron convertidas.

La evaluación cualitativa puede utilizarse para identificar por qué los centrocampistas laterales del equipo H se replegaron. Para ello, se utilizarán imágenes de vídeo para examinar los motivos del juego que llevaron a los laterales del equipo O a adelantarse. ¿Podría ser que los laterales del equipo H estuvieran fuera de su posición, y esto significara que los centrocampistas tuvieran que retroceder para cubrirse?

¿Por qué ha ocurrido eso? Y así el complejo rompecabezas se encamina hacia una solución.

Podemos demostrar cómo se pueden utilizar los datos cualitativos y cuantitativos del juego para analizar cómo el equipo O consiguió esta ventaja táctica, y cómo el equipo H puede trabajar en ello en sus propias sesiones de entrenamiento para asegurarse de que no vuelva a ocurrir. Debemos recordar que todos los clubes de la liga emplean niveles similares de análisis, y si se ha detectado un punto débil en la configuración de un equipo o en su funcionamiento táctico a lo largo de un partido, podemos estar seguros de que otros tratarán de aprovecharlo. Si el entrenador desea mantener su puesto, es vital que responda rápidamente al problema. Podemos ver cómo pueden hacerlo a través de una serie de viñetas, ya que utilizan la información de las métricas posteriores al partido.

1. La evaluación del equipo O de la oposición demuestra que crea muchas oportunidades de gol presionando a sus laterales en posiciones avanzadas.

2. La medida para contrarrestar esto es que el Equipo H mantenga a los centrocampistas avanzados, obligando a los defensores a priorizar sus tareas defensivas en lugar de las ofensivas.

3. Los centrocampistas laterales del equipo H se ven cada vez más obligados a seguir a los defensores desde el minuto 11.

4. El resultado fue de cinco ocasiones de gol y dos goles encajados, lo que llevó a un empate 2-2 en lugar de la victoria.

5. Los centrocampistas laterales se ven obligados a retroceder para compensar a los defensores del equipo H que se ven obligados a entrar en el campo. La posición en el interior era para hacer frente al delantero central y al centrocampista central de rápido avance del equipo O.

6. Los datos de la evaluación cualitativa muestran que esto ocurrió cuando el centrocampista defensivo del equipo H avanzó

demasiado con el balón, y el ataque del equipo H se rompió posteriormente.

7. En esta situación, la defensa central del equipo H se vio obligada a entrar en una situación de 2 contra 2, a menos que los laterales se replieguen.

8. Cuando los laterales del Equipo H se replegaban, los del Equipo O avanzaban a toda velocidad.

9. Para evitarlo, los centrocampistas laterales del Equipo H adoptaron una posición más profunda que la prescrita por la táctica.

10. Esto permitió a los defensas del Equipo O avanzar cada vez más a medida que avanzaba el partido.

11. **Desafío táctico para el entrenamiento: centrocampista defensivo central debe mantener una posición más defensiva.**

12. Mejor movimiento de los jugadores avanzados para darle opciones de pase más tempranas.

Así, la combinación de datos cuantitativos y cualitativos se utiliza para identificar un fallo táctico, lo que lleva a la oportunidad de abordarlo.

En cuanto al rival, la mayoría de los entrenadores determinarán sus propias tácticas basándose en el estilo relativo de sus oponentes. Es mucho más probable que esto figure en la planificación estratégica de un entrenador si el rival parece ser un equipo más fuerte. El grado en que los directivos y los entrenadores hacen esto varía. El gran Brian Clough fue un entrenador que alcanzó niveles asombrosos de éxito con equipos de categoría media; su equipo del Nottingham Forest llegó a ganar la Copa de Europa en dos ocasiones. Era famoso por poner a su equipo a jugar con el estilo libre que él favorecía y confiar en que superaría al rival. Arsene Wenger aparece ampliamente en este libro; al parecer, él también pasaba relativamente poco tiempo preocupándose por el rival. Los antiguos jugadores hablan de que las sesiones de entrenamiento se centran en su propio juego, no en neutralizar las tácticas de sus opositores. Es interesante observar que, debido a las limitaciones financieras causadas por la construcción de un nuevo estadio, sus jugadores fueron menos capaces de reaccionar ante el rival que sus predecesores durante el apogeo del club. Los comentaristas y los expertos suelen achacarlo a la "falta de liderazgo" o a la "ausencia de dureza". No fue así. Simplemente, la confianza de Wenger en que sus jugadores podían adaptarse al juego de los rivales se cumplía con menos frecuencia, porque había más jugadores de nivel inferior en el campo.

El exitoso José Mourinho, por el contrario, está muy centrado en reducir el impacto del rival, al igual que los defensivos Tony Pulis y Sam Allardyce. El exitoso entrenador del Atlético, Diego Simeone, es igualmente pragmático en la configuración de sus equipos. Los tres entrenadores, que dirigen equipos relativamente débiles, prestan mucha atención a la organización defensiva y a la búsqueda de oportunidades de gol a balón parado. El Burnley, que está consiguiendo buenos resultados bajo la dirección de Sean Dyche, actúa de forma similar.

Los entrenadores habrán examinado en detalle las tácticas empleadas por el rival y habrán establecido su posición en consecuencia. Esto habrá incluido el análisis de casi todos los aspectos del juego. Por ejemplo, ¿cómo aborda el equipo los córners y otras jugadas a balón parado? ¿Se marca al hombre o se marca en zona cuando se defiende? ¿Favorecen los tiros largos, cambiándolos rápidamente hacia adelante? ¿Cómo comienzan las distribuciones desde el portero?

Tras haber llegado a conclusiones sobre estos puntos antes del partido, y haber establecido tácticas para contrarrestarlos, los entrenadores examinarán hasta qué punto sus oponentes se adhirieron al plan cuando consideren los datos posteriores al partido. Al fin y al cabo, si su rival se desvió mucho, eso podría ser una señal de que sintió la necesidad de cambiar de táctica. Si el cambio táctico del adversario funcionó, entonces eso cuenta una historia, quizás sobre la inflexibilidad de las propias tácticas del entrenador. Si no es así, es un dato positivo.

Cómo actuó el contrincante

El éxito del equipo H sólo puede determinarse en relación con el rendimiento del equipo O. Si, por ejemplo, el equipo O suele ser relativamente fijo en su posicionamiento, corriendo una media de, digamos, 9,2 kilómetros por partido, pero contra el equipo H lo sube a

9,7 kilómetros, eso tendría inevitablemente un impacto en el desarrollo del partido.

Del mismo modo, si un equipo siempre se dispone en una formación 4-3-3, eso podría tener un impacto en la estrategia del equipo H. Si el equipo pasa a una formación 5-4-1, que cambia a 3-4-3 cuando tiene la posesión, será la capacidad del equipo H para responder a este cambio estratégico la que determine el éxito del equipo. Una vez más, se emplearían datos principalmente cualitativos para evaluar esto, midiendo como lo hace la progresión del juego.

Jugadores individuales

Hay un indudable placer en ver un partido, como aficionado, es decir, y luego leer su crónica en los periódicos al día siguiente.

A los periodistas les encanta evaluar el rendimiento de cada jugador sobre diez. Comparar eso con nuestro propio juicio (ninguno de los cuales es particularmente objetivo) puede ser muy divertido.

Los entrenadores necesitan un enfoque mucho más analítico para evaluar el rendimiento de sus jugadores. Los tipos de métricas que considerarán incluyen detalles cuantitativos como:

- Disparos
- Ataques

- Pases - cortos y largos, además del porcentaje de éxito de los mismos.

- Carrera de distancia

- Sprints

- Sprints sostenidos

- Toques

- Dribles

- Cruces

- Mapas de calor (que muestran la distribución posicional de un jugador durante el juego)

Sin embargo, estos datos puros pero contundentes sólo ofrecen una pequeña parte del rendimiento de un jugador. Se necesitan datos cualitativos para determinar el éxito de estos aspectos de su juego. Por ejemplo, un jugador que logra un índice de pases del 96%, pero casi todos ellos son laterales o defensas, no se realizan bajo presión y no crean oportunidades de gol, es menos eficaz que un jugador con un índice de éxito del 70%, pero que incluye cuatro pases clave durante el partido.

Los entrenadores también dispondrán de datos del entrenamiento y podrán evaluar el impacto de cada jugador en comparación con sus expectativas óptimas.

A menudo se acusa a los entrenadores de ser poco comprometidos en sus entrevistas después de los partidos, de hacer declaraciones insulsas y de no hacer más que proteger a sus jugadores.

Independientemente del hecho de que difícilmente ayudará al espíritu de equipo que un entrenador salga a buscar un chivo expiatorio entre sus jugadores por un resultado decepcionante, el hecho es que probablemente no tenga acceso al análisis completo del partido tan rápidamente después del mismo. Incluso si su equipo interno ha logrado producir algo, en el corto período entre el final del partido y la entrevista no habrán tenido tiempo de evaluar los resultados adecuadamente, y es correcto y apropiado que esos resultados sean compartidos con su equipo y sus compañeros entrenadores antes que con el público en general.

De hecho, los clubes guardan sus análisis como si fueran las joyas de la corona del fútbol. No sólo mantienen en secreto los datos individuales, especialmente las complejas evaluaciones cualitativas, sino también cómo sus analistas llegaron a las conclusiones que encontraron.

Los análisis se han convertido en algo tan reservado como la ficha del equipo, que sólo se comparte cuando no queda otra opción.

UTILIZAR LA ANALÍTICA PARA SATISFACER LOS REQUISITOS DE LA PLANTILLA

Cómo se puede utilizar la analítica en el desarrollo de un equipo

"La suerte no tiene nada que ver con el éxito" - Diego Maradona

Puede que el Estrella Roja de Belgrado ya no esté en el primer cajón del fútbol europeo, pero no está muy por debajo. El equipo serbio es el único club de ese país, o antes de eso, de Yugoslavia, que ha ganado la Copa de Europa. Lograron esta impresionante hazaña en 1991. A nivel nacional, es un equipo muy dominante, ya que ha ganado su campeonato nacional en treinta y una ocasiones, y su principal competición de copa en casa nada menos que en veinticuatro.

Caso práctico - Lorenzo Ebecilio

Hace un par de años, el club identificó la necesidad de mejorar sus fortalezas ofensivas con la incorporación de otro centrocampista ofensivo.

Como la mayoría de los funcionarios encargados del reclutamiento harían tradicionalmente, empezaron a explorar sus propias ligas, y luego más allá, utilizando su red de ojeadores para que les dé ideas sobre el tipo de jugador que podría encajar en su sistema y satisfacer sus necesidades.

Curiosamente, la liga de la pequeña isla de Chipre no fue una de las que consideraron. Al fin y al cabo, era razonable llegar a la conclusión de que si algún jugador de allí, o de alguna de las otras ligas pequeñas que proliferan por todo el mundo, iba a ser lo suficientemente bueno como para marcar la diferencia en uno de los equipos más fuertes de Europa, eso ya se sabría. Además, uno de los clubes realmente grandes se habría hecho con él.

La aparición de pequeñas empresas que amplían el abanico de clubes que pueden acceder a la información sobre jugadores prometedores pero desconocidos es un signo del crecimiento de la analítica. Eso sólo puede ser bueno para el juego en su conjunto. Ya hemos visto que el dinero habla. Pero cuanto más abajo en el árbol del dinero pueda hacerse oír una voz, más competitivas serán las ligas, tanto nacionales como continentales. Ya no serán los clubes de un pequeño puñado de súper ricos, el Barcelona, el Bayern de Múnich, el Real Madrid, el Liverpool, el Manchester United y el City, el Chelsea, la Juventus y los equipos de Milán, el París Saint Germain, por nombrar a la mayoría de ellos, los que ganen, no porque estén necesariamente bien dirigidos o tengan un entrenador brillante. En cambio, tienen éxito porque sus propietarios, o sus estructuras financieras, simplemente les permiten salir y pagar lo que sea necesario por el puñado de jugadores de verdadera clase mundial

81

disponibles en el mundo. (Esto no quiere decir que estos clubes no están bien dirigidos... lo están, lo que los hace más fuertes aún).

El primer resultado de esta difusión de datos de alto nivel será abrir más las competiciones a la segunda categoría de los clubes de primera (pero no de primera, primera), como el Olympiakos de Grecia, el Leicester City de Inglaterra, el Lyon de Francia y, por supuesto, el Estrella Roja de Belgrado. Pero, además, habrá muchos jugadores en todo el mundo que podrían, con la oportunidad de una mejor estructura y mejores compañeros, pasar de la categoría de "muy buenos" a la de "clase mundial".

Lorenzo Ebecilio podría ser uno de ellos. Pero nadie, y mucho menos el Estrella Roja de Belgrado, lo hubiera sabido, al menos fuera de los clubes que compiten en el Campeonato Cyta de Chipre. Nadie, si no hubiera sido por el trabajo de un alto miembro de una de esas nuevas empresas de análisis que surgen para dar servicio a los clubes profesionales de todos los niveles.

Omar Chaudhuri fue Jefe de Inteligencia de Fútbol en 21st Club, una consultora de fútbol con sede en Londres. Belgrado está a mil kilómetros de Londres, y Chipre al doble de esa distancia, pero la tecnología refuerza la noción de que el fútbol es un juego global.

Chaudhuri tenía acceso tanto a las necesidades del Estrella Roja de Belgrado como a las métricas de Lorenzo Ebecilio. Pensaba que ambos podían coincidir y así se lo hizo saber a las autoridades de Belgrado. Ebicilio no era una figura que estuviera en su radar, ni siquiera alguien de quien hubieran oído hablar. Pero siguieron las indicaciones de Chaudhuri, echaron un vistazo y vieron que ellos, o más bien el analista de fútbol, habían descubierto una joya; un jugador que mejoraría a un club habitual de la Champions League por una fracción del precio que podrían haber esperado pagar por él.

"Tratamos de abrir el mercado a los clubes y descubrir talentos infravalorados", afirma Choudhury.

El Estrella Roja se había puesto en contacto con el 21° Club con un perfil de lo que buscaban, y una lista de posibles jugadores en una preselección creada por los agentes de esos jugadores. Difícilmente un grupo objetivo, podríamos concluir. La influencia de los agentes es una preocupación constante en los fichajes de fútbol. Se trata de personas con un interés claro y creado en promocionar a su propio jugador; sus propios ingresos dependen de sus jugadores. Y de su reputación. Es difícil determinar por qué se les ha permitido ser tan influyentes en los procesos de traspaso. Sin embargo, el Estrella Roja de Belgrado ha tenido la previsión de utilizar la analítica para ayudarles a reducir su lista de candidatos. Un examen de los datos por parte del 21° Club demostró que no sólo la lista de preseleccionados carecía de un jugador que se ajustara exactamente a las necesidades del club, sino que había un jugador mejor, que costaría mucho menos dinero.

Ebecilio fue contratado y pronto ayudó a guiar al Estrella Roja de Belgrado a la fase de grupos de la Champions League y a dejar huella frente a equipos como el Liverpool y el París Saint Germain. Pero Choudhury insiste en que la analítica no es (todavía) la única respuesta. Como es lógico, pocos ojeadores operan en la liga chipriota, por lo que se necesitan otras fuentes de información. La analítica puede abrirse paso en mundos normalmente ignorados por las vías tradicionales de captación de jugadores. Sin embargo, los datos proporcionados son sólo una parte de la historia. Choudhury deja claro que una mezcla de buenos datos, una buena labor de ojeo y, a continuación, la intervención del club para asegurarse de que el jugador cumple sus requisitos es la mejor manera de conseguir un tesoro escondido.

Uno de los fundadores de 21st Club es un antiguo empleado de Prozone.

Blake Wooster explica la razón de ser de su negocio, y su nombre. Él y sus compañeros fundadores partieron de la premisa de imaginar que eran el último club de una liga, el imaginario puesto 21. A continuación, trataron de identificar lo que necesitarían para tener una ventaja suficiente para competir, y sobrevivir, en su liga.

Esto, a su vez, llevó a Wooster a identificar que el camino hacia las ganancias marginales se encontraba en la identificación de las ineficiencias en el funcionamiento del fútbol. Aunque era un aficionado al fútbol, identificó que no eran los profesionales del fútbol los que ayudarían a señalar esas ineficiencias. Serían analistas, diseñadores de software, consultores de gestión y similares. Personas que podrían trabajar con los equipos para ayudarles a identificar sus estrategias y luego ponerlas en práctica. Hay que pensar poco para entender el sentido común de esto.

Los directivos y entrenadores son en su inmensa mayoría ex profesionales. Gente que pasó sus años de juventud jugando al fútbol en cada oportunidad, comprometiéndose con su carrera deportiva más que con la educativa. Es demasiado simplista identificar a los deportistas profesionales como si tuvieran alguna carencia académica, pero también hay pocos deportistas de élite, especialmente en el fútbol y más aún en el fútbol masculino, que hayan tenido el tiempo necesario para dedicarse a sus estudios como lo han hecho sus compañeros. Estos jugadores existen, el antiguo incondicional del Chelsea y actual entrenador Frank Lampard es un ejemplo notable, pero son una minoría.

Por lo tanto, es completamente comprensible que un entrenador de fútbol probablemente no haya adquirido el tipo de habilidades necesarias para dirigir una organización importante como un club de fútbol. Se trata de personas que se comprometieron a convertirse en el mejor jugador de fútbol que podían ser, y luego completaron sus insignias de entrenador antes de trabajar para conseguir un empleo y establecer una carrera en la gestión. No es de extrañar que ahora busquen beneficiarse de los servicios de consultores de otros campos.

PIRLO - Estudio de caso de un programa de análisis

En este vacío entró el Club 21. Recurrieron al maestro italiano del centro del campo, Pirlo, para que diera nombre a su motor de análisis. Creo que estamos de acuerdo en que Pirlo es el nombre más fácil de pronunciar.

En 2018, Pirlo había reunido y procesado datos sobre nada menos que 150.000 jugadores. Emplea algoritmos de aprendizaje automático, como los que utilizan grandes empresas mundiales como Amazon, para ofrecer información sobre jugadores que normalmente no figuran en el radar de un club.

Recordemos que la premisa de PIRLO es que los clubes que se encuentran en la parte inferior de su pila particular necesitan identificar las formas en que pueden cerrar la brecha con los que están por encima de ellos en la pirámide de juego del fútbol. La empresa identificó inmediatamente un punto débil en el uso de la analítica por parte de los clubes. Tanto en los medios de comunicación como en muchos clubes, a la hora de identificar posibles fichajes se tiende a centrar la atención en estadísticas fácilmente asimilables: goles marcados, asistencias, entradas, pases, etc. Todo esto está muy bien, pero los futbolistas son seres humanos, no máquinas. Hay una serie de factores que determinarán si pueden o no reproducir las estadísticas que se utilizan para identificarlos como un objetivo de transferencia en primer lugar.

Los factores son innumerables: los jugadores que les rodean, los cambios en sus funciones en el equipo, la fuerza relativa de los adversarios.

Luego están los cambios en los regímenes de entrenamiento. Tal vez lo más difícil de determinar sean las repercusiones culturales y sociales en un jugador cuando cambia de club, y sobre todo si ese traspaso significa ir a un nuevo país. Sencillamente, un jugador que no está contento no rendirá igual. Esto es cierto para cualquier persona en cualquier ámbito de la vida. Una respuesta común a este hecho va en la línea de "50000 dólares por semana deberían hacer que cualquiera sea feliz". Sin duda ayuda, pero cualquier persona con dinero sabe que no es la respuesta a todo. En particular, a la felicidad.

El 21º Club buscaba abrir nuevos caminos. Sentían que debían especializarse, y trataban de comprender claramente cómo se desenvolverían los jugadores de la Eredivisie holandesa en otras ligas. Rápidamente se vio que, por un lado, había muchos ríos de talento barato sin pescar y, por otro, que los clubes ricos desperdiciaban mucho dinero en jugadores que no justificaban su precio. Por ejemplo, si marca un gol en un mundial, su precio de traspaso aumenta un 15%.

Empresas innovadoras como 21st Club están demostrando que, al igual que la tecnología puede alterar los privilegiados castillos de los que disfrutan exclusivamente los gigantes de la industria, también puede hacer lo mismo con el mundo del fútbol.

Clubes ricos... cuidado.

Estudio de caso - Sustitución de jugadores estrella en clubes de alto rendimiento

Otro sistema que puede utilizarse consiste en evaluar los motivos de posesión de los jugadores, o PPM (por sus siglas en inglés). Estas evaluaciones basadas en datos identifican los patrones de juego de los jugadores, concretamente la forma en que interactúan con sus compañeros de equipo con las jugadas de pase. Los PPM pueden agruparse en patrones de juego similares, de modo que cuando un jugador se mueva, o pierda la forma, pueda ser sustituido por otro que actúe de forma similar. Así, cuando Lahm empezó a envejecer en el Bayern de Múnich, sustituirlo por Alba se traduciría en un estilo de juego similar. Por el contrario, cuando se compra a un jugador y se le pide que desempeñe un trabajo diferente en un club, hay muchas posibilidades de que el jugador tenga menos éxito. Los entrenadores sabios cambian el estilo de un jugador con precaución.

Pero los jugadores se marchan, envejecen y se ralentizan. Se lesionan. El Arsenal y el Manchester United dominaron la Premier League a finales de los 90 y principios de los 2000. El líder visionario Arsene Wenger identificó que la estructura empresarial tradicional del Arsenal, con una importante participación de los aficionados, y una junta directiva adecuada que dirigiera el club, en lugar de un propietario adinerado, significaba que el club necesitaría otra fuente de ingresos para competir al máximo nivel. Eso significaba aumentar la capacidad del estadio, algo imposible en la sede del club en Highbury, rodeada por todas partes de viviendas.

Así que el club invirtió en un nuevo estadio; la capacidad de más de 60000 personas en el magnífico Emirates Stadium es un placer de visitar, pero el costo significó que el Arsenal perdió su lugar en la cabeza de la tabla del fútbol inglés, y tuvo que tomar un asiento lateral, aunque, todavía en la parte superior. Irónicamente, un propietario muy rico se hizo con el club: Stan Kroenke, polémico magnate del deporte cuyos principales intereses parecen estar en otros deportes en Estados Unidos. Eso fue en 2011, y muchos aficionados lo señalan como la etapa en la que el club comenzó un lento descenso.

Sin embargo, en la temporada 2015/2016, dos de los mejores jugadores del mundo adornaron el verde césped del Emirates: Mesut Ozil y Alexis Sánchez. Sin embargo, a medida que el reinado de Arsène Wenger se vio amenazado, quedó claro que uno de ellos, o tal vez ambos, no tardarían en marcharse. Fue Sánchez quien finalmente se fue (sin mucho éxito, al Manchester United). Sin embargo, gran parte del éxito del Arsenal a principios y mediados de la década de 2010 se debió a estos dos jugadores; los cuatro primeros puestos seguían asegurando la Champions League y el club tenía éxito en las competiciones de copa.

Sin embargo, el análisis demostró que hay otro jugador que tuvo una gran importancia en los goles de Sánchez: el lateral izquierdo Nacho Monreal.

Por desgracia, el jugador se volvió propenso a las lesiones. El análisis podría informar a la directiva del Arsenal sobre quién podría ser comprado para sustituir a estos jugadores sin cambiar la estructura del equipo o el estilo de juego rápido y basado en la posesión. Uno de los sustitutos de Ozil identificados por el PPM, el estilo de pase y posesión del jugador, y su estilo goleador y de creación de ocasiones identificó a James Rodríguez, entonces del Real Madrid, con quien el Arsenal estuvo vinculado durante mucho tiempo. Al final Ozil se quedó, Wenger se fue al igual que Monreal. Sin Sánchez delante, no fue el mismo jugador en su última temporada en el Arsenal, aunque las lesiones podrían haber sido un factor.

Pero no sólo los jugadores contribuyen al éxito y al estilo de un equipo. Más importante aún es el entrenador. Durante el dominio del club de la liga, Alex Ferguson, del Manchester United, y Arsene Wenger, del Arsenal, estuvieron siempre presentes. Ambos dirigieron durante más de veinte años, y ambos dirigieron eficazmente sus clubes, manejando todos los aspectos relacionados directamente con el juego. Su longevidad fue realmente notable en el juego moderno, impulsado por los resultados. El Arsenal tuvo una ligera ventaja al ver el impacto de la salida de un entrenador con muchos años de servicio, ya que el Manchester United implosionó en la temporada siguiente a la retirada de Ferguson.

Sin embargo, a pesar de los análisis disponibles, la directiva del Arsenal parecía decidida a abandonar los más de veinte años de estrategia exitosa.

Utilizando su equipo de datos interno, podrían haber identificado razonablemente a los entrenadores que se basarían en el legado de Wenger, abordando los puntos débiles del equipo y permitiendo al mismo tiempo que los jugadores siguieran con el estilo establecido. Teniendo en cuenta que el dinero en el club ha sido mucho más ajustado en los últimos años, tal filosofía parecería sensata.

La mejor analítica que se podría haber utilizado en este caso habría sido una combinación de los motivos de pase y posesión del equipo, conocidos como TPM, y las cifras de goles esperados del equipo (TxGM).

A partir de esta información, habrían surgido cinco posibles gestores como probables sucesores. Entre los grandes nombres estarían Massimiliano Allegri y Antonio Conte. Aquí destaca el enfoque de futuro de la Juventus. Cuando su entrenador, Conte, se marchó en última instancia al Chelsea en 2015 el club le sustituyó por Allegri, que mantuvo el éxito basando las jugadas y tácticas del equipo en estrategias similares a las de Conte.

Por desgracia para los aficionados, el Arsenal no demostró el mismo nivel de previsión. Aunque Conte y Allegri estuvieran fuera de su rango de precios, Lucien Favre en el Borussia Mönchengladbach y (más recientemente) Luciano Spaletti en la AS Roma habrían seguido los pasos de Wenger sin necesidad de un cambio sustancial de zapatos.

Entre los candidatos preseleccionados figuraban el inexperto Mikel Arteta, que acabaría ocupando el puesto en el Arsenal tras el fracaso de Unai Emery, otros ex jugadores como Thierry Henry y Patrick Vieira y, por supuesto, Allegri. Dos entrenadores internacionales, que más tarde verían disminuir su valor, fueron preseleccionados, Jorge Sampaoli y Julien Lopetegui. El prometedor entrenador del RB Leipzig, Ralph Rangnick, completó la lista.

Por lo tanto, en Allegri más los antiguos jugadores (aunque dos de ellos sin experiencia directiva en ese momento, el otro, Vieira, con una experiencia limitada) estaba claro que la intención era considerar la conservación del estilo que estableció Wenger. ¿O se trataba de un soplo para los aficionados?

Al parecer, según la historia, Emery no estaba en la lista original de candidatos, pero, como el outsider en una carrera de caballos, empezó a progresar sobre los raíles, fue llamado a una entrevista y arrasó con la oposición.

Pero, como saben los que apuestan por los extranjeros, una victoria no siempre se traduce en un éxito a largo plazo. Al igual que un gol en un mundial no te convierte en un 15% mejor jugador. Quizá el nombramiento de Emery ofrezca una lección pertinente sobre la importancia de tener en cuenta la analítica. Desde hace tiempo se sabe que el Arsenal no es tan fuerte como debería. Además, su defensa clave, Laurent Koscielny, era cada vez más propenso a las lesiones y estaba considerando claramente volver a Francia para poner fin a su carrera. El muy fiable Per Mertesacker acababa de retirarse, y Shodran Mustafi estaba desgraciadamente predispuesto a cometer algún que otro error crucial cuando se veía expuesto. En el lateral, el fiable Monreal era, como ya se ha dicho, susceptible de lesionarse, y el poderoso Héctor Bellerín era excelente en ataque, pero podía quedar atrapado en su posición cuando defendía. Petr Cech, el portero, había sido quizás el mejor del mundo en el pasado, pero su carrera estaba llegando a su fin.

Por si fuera poco, el corazón del centro del campo, Aaron Ramsey, había decidido cambiar de aires en la Juventus. (Esto no funcionó, lo que ilustra el riesgo de coger a un jugador que ha tenido éxito en su rendimiento de una manera, y esperar que juegue de otra). Esta nunca fue la colección de jugadores para asumir una estrategia de equipo basada en una defensa eficaz, especialmente fuera de casa.

El análisis de los datos habría demostrado el tipo de equipo que Emery pretendía crear, y demostrar que este grupo de jugadores no sería capaz de cumplirlo. Un problema exacerbado por años de pases cortos y alto riesgo a la manera de Wenger y la falta de dinero para traer reemplazos.

En otras partes de este libro hemos cuestionado la tradición de que los equipos de fútbol empleen a los suyos en funciones de entrenador y director de jugadores.

Con razón, dado que este enfoque implica que el cambio tarda más en producirse. Sin embargo, en este caso de estudio hay evidencia opuesta. El grupo que nombró a Unai Emery para el puesto de entrenador principal eran hombres de negocios, no hombres de fútbol. Por una vez, se demostraron sus limitaciones para entender el juego.

EL RETO DE APLICAR LA ANALÍTICA EN EL FÚTBOL

¿Es el fútbol menos adecuado para la analítica que otros deportes?

"Los primeros noventa minutos son los más importantes". Bobby Robson, seleccionador de Inglaterra

"¿Has visto alguna vez a una estadística marcar un gol?" Ja. El argumento ganó. Es la propia complejidad del fútbol la que hace que el desarrollo de una analítica eficaz sea un reto y, por tanto, un campo tan lucrativo para quienes operan en él. La dificultad de un análisis eficaz de los diversos componentes que se mezclan para formar el juego se ve aún más desafiada por la antítesis que está profundamente arraigada en su historia. El fútbol es un juego tradicional. Un pasatiempo de la clase trabajadora fundado en los parques de los centros industriales de Inglaterra y desarrollado en las calles de las ciudades industriales de Europa y en las playas de Brasil. Es un juego duro, en el que los hombres son hombres y las mujeres son..." El argumento se cae. El fútbol moderno es inclusivo, el deporte de equipo más global del planeta. De hecho, nunca fue sólo un deporte para los trabajadores de las fábricas o los mineros. Piensa en los primeros tiempos.

La competición más antigua del mundo es la FA Cup inglesa. Durante sus doce primeras finales, los Wanderers, formados por jugadores de escuelas públicas inglesas y llamados así porque eran un equipo nómada, que jugaba en diferentes estadios, se presentaron y ganaron cinco veces. Los Royal Engineers, formados por oficiales del Regimiento, ganaron una vez y fueron subcampeones en tres ocasiones. Los Old Etonians, ex alumnos de la famosa escuela pública, se presentaron en cuatro finales y ganaron una. Este récord fue igualado por ese semillero de diversidad y oportunidades educativas para la clase trabajadora, la Universidad victoriana de Oxford. Puede que el fútbol fuera jugado por la clase obrera en sus inicios, pero nunca fue exclusivamente para este grupo.

Por lo tanto, podemos concluir que se equivocan quienes creen que el uso de la analítica es de alguna manera una traición a sus raíces en lugar de una mejora de su futuro. Esto no quiere decir que el camino hacia el estadio definitivo no sea más que largo y muy ventoso.

Tomemos el caso de un exitoso profesor de Ingeniería, Luis Amaral. Este experto en el uso de la analítica para el diseño de redes sociales y estructurales complejas en campos ajenos al deporte, dirigió su atención al fútbol porque es su entretenimiento favorito. Amaral, junto con sus estudiantes, desarrolló un complejo sistema de técnicas de codificación y métricas para crear un AFR, o calificación media de futbolistas, para cada jugador que rindiera a un alto nivel en todo el mundo. La clasificación refleja su influencia en los partidos. A partir de ahí, es capaz de identificar a los mejores jugadores del mundo, de forma objetiva. Durante su estudio en el período previo al Mundial de 2018, su algoritmo identificó a los tres mejores jugadores como Lionel Messi, Neymar Jr. y Cristiano Ronaldo.

Los cínicos podrían afirmar, con bastante razón, que podrían identificar a esas superestrellas como las mejores sin necesidad de recurrir a complejos análisis, y también que no son sólo los delanteros los que determinan los partidos. El sentido común dicta que un equipo con una delantera fuerte pero una defensa débil ganará poco. Pero, por supuesto, eso es sentido común. Uno de los términos más oximorónicos de la lengua inglesa. Puede que tenga sentido, o puede que no, pero desde luego no es común. El sentido común de cada persona es único y está determinado por una combinación de numerosas influencias. Pocas de esas influencias son, por supuesto, objetivas.

Los mejores jugadores según el modelo de Amaral, que podría ser un gran beneficio para los entrenadores que buscan comprar jugadores para reforzar equipos ya fuertes, tienen un AFR de más de 70. Los mejores de esta élite mantienen ese AFR durante varias temporadas.

Lo que hace que la analítica de Amaral sea tan interesante es que su sistema está diseñado para los deportes de flujo, como el hockey, el baloncesto o el rugby.

Abordar los deportes a balón parado, como el fútbol americano, el cricket, etc., es mucho más fácil, ya que estos deportes se dividen de forma mucho más clara en jugadas a balón parado y competiciones individuales. El sistema de Amaral toma el AFR de los jugadores de un equipo y produce un complejo modelo de interacción en el que se objetivan tanto los jugadores como las conexiones que tienen con los compañeros. Lo que resulta se parece al tipo de red que podría crear una araña en velocidad. Cuanto más gruesas y numerosas sean las líneas que conectan los "nodos" (los jugadores), más fuerte será la interacción del equipo, y por lo tanto, con toda probabilidad, el más efectivo del equipo. Pero además, cada jugador o nodo varía en tamaño y color; los grandes y oscuros indican un jugador más eficaz que los representados por nodos más claros o pequeños.

Amaral comprobó su sistema en la Eurocopa de 2008, ganada por España y en la que Xavi fue nombrado mejor jugador. Su análisis indicaba que España era el mejor equipo, y que la estrella sería, estadísticamente, Xavi. Alentador.

En mayo de 2018 elaboró un modelo en el que indicaba su predicción sobre quién se erigiría como el mejor jugador del próximo mundial en cada posición de campo.

Sus conclusiones demostraron que aún queda mucho camino por recorrer antes de que se pueda confiar completamente en la analítica. La analítica cualitativa, los PPM y los AFR podrían ofrecer una ayuda más completa a los entrenadores de fútbol que los datos estadísticos puros, pero la analítica para los deportes de flujo aún está en pañales.

Su equipo predicho fue:

Defensa:

Laterales - Alves y Marcelo de Brasil. Brasil llegó a los cuartos de final antes de ser eliminado por Bélgica.

Defensa central - Ramos de España (eliminado en octavos de final) y el alemán Hummels. Alemania, notoriamente, no pasó de la fase de grupos.

Centrocampo:

Aquí Amaral predijo a Messi, Casemiro y De Bruyne de Bélgica. De Bruyne tuvo un buen mundial, siendo nombrado uno de los finalistas de la FIFA al título de mejor jugador. Argentina, sin embargo, pasó apuros en la fase de grupos y fue eliminada en octavos de final por la eventual campeona, Francia.

Ataque:

El brasileño Neymar, el polaco Lewandowski (Polonia no superó la fase de grupos) y el portugués Ronaldo, que también quedó eliminado en octavos de final.

Así pues, no se mencionó al joven jugador revelación, el francés Kylian Mbappe; ni se predijo que Harry Kane, de Inglaterra, ganaría la Bota de Oro con diferencia. No se reconoce a Antoine Griezmann, Romelu Lukaku, Eden Hazard o al maestro del mediocampo Luka Modric.

Amaral no eligió a ningún jugador de ninguna de las dos naciones que llegaron a la final, y sólo a uno de los cuatro primeros equipos. Los análisis van en la dirección correcta. Pero, como el propio Amaral admite, pueden ser una gran ayuda para el entrenador, pero no son una respuesta mágica a los enigmas del fútbol. Al menos, todavía no. La ayuda que la analítica ofrece al baloncesto está todavía muy por delante de la que puede ofrecer al fútbol.

Sigue siendo más sencillo encontrar una analítica eficaz para los deportes "a balón parado", o individuales. Piensa en lo fácil que es evaluar la fuerza de un oponente en el tenis en comparación con un equipo de fútbol, y por lo tanto lo más fácil que es desarrollar una estrategia para contrarrestar a ese oponente que juega al tenis. (No obstante, por mucho que el jugador uno pueda desarrollar una estrategia para negar el revés con efecto superior del jugador dos, mantener la pelota en su derecha, siendo un punto de partida, ¡el jugador dos trabajará duro para contrarrestar el rechazo del jugador uno!)

En el golf, por ejemplo, es relativamente fácil saber qué palo utilizar en función de la bola, la distancia al tee, las condiciones meteorológicas reinantes y los obstáculos que puedan causar problemas. No se trata de simplificar el golf; sigue habiendo presión sobre el golfista que realiza su golpe; sigue habiendo decisiones tácticas que tomar en cuanto a si arriesgar o jugar con seguridad. Sin embargo, cuando se trata de datos, con la tecnología moderna, esa información está fácilmente disponible en los niveles superiores del juego.

Pero el terreno de juego está cambiando en el fútbol y la eficacia de la analítica se está igualando.

Pero el campo de juego está cambiando. Y rápidamente. Quién iba a pensar que cuando Petr Cech mirara su lista de probables penaltis se iba a enfrentar a que dentro de cinco años se dispondría de sistemas para medir y evaluar los patrones de juego, no sólo los aspectos estadísticos del rendimiento. A medida que la tecnología mejora, tanto la tecnología de recopilación de datos como el software y los algoritmos utilizados para evaluarlos, los entrenadores disponen de más métricas cualitativas. Esto les permite medir no sólo los elementos técnicos de una determinada habilidad futbolística, sino también su impacto en el juego.

A medida que esta información analítica cualitativa sea cada vez más precisa y útil, el fútbol seguirá evolucionando al ritmo que lo hace. Queda por ver si esto pondrá a los clubes más ricos del mundo en una situación de ventaja aún mayor o si, por el contrario, volverá a nivelar el campo de juego a los primeros tiempos. Es difícil predecir hasta qué punto la analítica se extenderá también al fútbol de base. En la actualidad, parece muy poco probable que el tipo de análisis de flujos que los clubes profesionales utilizan cada vez más esté al alcance de los entrenadores de equipos juveniles. Pero, hace treinta años, ¿quién podría imaginar ver un partido de fútbol desde el otro lado del mundo en su teléfono?

101

EL GRAN DEBATE DEL FÚTBOL:

¿MESSI O RONALDO?

Cómo utilizar el análisis de datos para acabar con los rivales

Otro elemento de análisis importante es uno sobre el que el entrenador no tiene ningún control, pero que sin embargo es significativo a la hora de romper a un contrincante. Se trata del papel de la ventaja de jugar en casa.

Ahí está el enigma. Definitivamente, existe. Por término medio, los equipos que juegan en casa ganan casi la mitad de las veces y pierden sólo el treinta por ciento. Uno de cada cuatro partidos se empata.

Durante los partidos en casa, un equipo típico crea un 7,6% más de jugadas de posesión efectiva, y su ratio de goles esperados es mayor en casi un tercio en comparación con el que juega fuera. El club español Sevilla, bajo la dirección del entrenador Unai Emery, demostró una enorme diferencia entre las tácticas en casa y fuera. En casa, durante las tres temporadas consecutivas en las que ganó la Liga europea, creó sistemáticamente alrededor de un 50% más de jugadas de pase y posesión que cuando jugaba fuera.

En cierto modo, esto podría explicar su éxito en la competición europea, especialmente cuando entró en vigor la eliminatoria a dos partidos.

Difícil de superar fuera de casa, ya que se replegaron detrás de la pelota y luego pudieron arriesgar más en su campo con su efervescente juego de pases. El Sevilla, por su parte, se ha convertido en un equipo que ha sabido aprovechar el balón para arriesgarse más en sus partidos en casa, con un juego de pases muy dinámico. De hecho, los análisis sugieren que durante esas temporadas el rendimiento del Sevilla en casa reflejaba el de los mejores equipos del continente, mientras que, si reproducía sus tácticas de visitante también en casa, se encontraría luchando contra el descenso temporada tras temporada.

Curiosamente, Emery llegó a dirigir al París Saint Germain con buenos resultados en el ámbito nacional, pero en la Ligue 1 francesa hay poca competencia para el megapoderío de ese club, pero obtuvo pocas alegrías en Europa. A continuación, se trasladó al Arsenal, donde se reprodujo en cierta medida el sistema que disfrutaba con el Sevilla. Pero esta vez, con relativo poco éxito. El Arsenal era difícil de batir en casa, pero su rendimiento fuera de ella era de nivel decadente. En su única temporada completa en el club del norte de Londres, volvió a repetir su éxito con la Liga europea, llevando al equipo a la final. Sin embargo, al igual que el Sevilla, no estuvo cerca de disputar el título de liga.

El nuevo entrenador era muy impopular entre los aficionados del Arsenal. Las historias se filtraron. Los jugadores no respetaban a Emery. Especialmente, un grupo joven y prometedor. Se burlaban de él por su fuerte acento y su mal inglés. "Goo ebening", se burlaban, tras una sonrisa, haciéndose eco de la frase mal pronunciada a la que era aficionado.

Otras historias llegaron a las redes sociales y a las últimas páginas de la prensa. Sí, Emery era generalmente apreciado, entusiasta y afable. Pero los jugadores no entendían sus tácticas.

No tenían claro lo que se les pedía. Hoy en día, la mayoría de los clubes importantes tienen un vestuario con muchos idiomas nativos. Es un mérito suyo intentar comunicarse en inglés. Pero mientras que su esfuerzo podría obtener una pegatina de "buen intento" en la asamblea de fin de curso, su progreso en el idioma fue pobre en el mejor de los casos. Además, Emery tiene un carácter excitable, y cuando la adrenalina corre por sus venas, su inglés se deteriora aún más.

Hay dos imágenes que se quedan grabadas en la mente en particular. Ambas se produjeron en los últimos partidos de su carrera en el Arsenal. Ambas se produjeron en el ambiente, a veces hostil, de la sede del club en Ashburton Grove. En la primera, el rival es el Crystal Palace, un equipo al que los locales debían ganar. El capitán es Granit Xhaka, internacional suizo y buen jugador, pero que ha adquirido la ira de algunos sectores de la afición. Se está convirtiendo en el chivo expiatorio de los fallos del equipo. Emery le sustituye al principio de la segunda parte. Hay abucheos, no por la decisión, sino dirigidos al capitán. Lo que siguió causó un enorme alboroto en las redes sociales y en la prensa; de hecho, fue mucho menos desagradable de lo que los informes sugieren.

Sin embargo, Xhaka reacciona a los abucheos, y los lectores de labios que miran las imágenes publicadas le ven insultar. En el estadio, sólo parece enfadado por haber sido sustituido.

Emery parece no saber cómo reaccionar, se muestra visiblemente molesto y pierde el rumbo. Mientras el Arsenal se esfuerza, retira primero al central derecho. Luego el lateral derecho. Un quinteto se ha convertido en un trío, lo cual es justo, dado que el partido no va a favor del Arsenal, pero de alguna manera no se comunica quién debe ocupar el puesto de defensa del lado derecho. El Palace no puede creer su suerte. Se precipitan a los espacios abiertos ahora en su izquierda, y causan el caos.

En el otro ejemplo, que resulta ser el último partido de Emery en casa, se le puede ver gesticulando salvajemente, incluso de forma maníaca, desde su área técnica. Camina como un oso atrapado que huele la miel, pero no puede alcanzarla. Se mueve arriba y abajo, gritando instrucciones y señalando posiciones. Pero cualquier vestigio de fe en él ha desaparecido. Los jugadores ignoran las instrucciones que intenta dar. Es un triste final para el sueño de un entrenador.

La cuestión es que, sea cual sea la táctica, si no hay comunicación, los equipos son menos eficaces. Muy probablemente, porque las complejas jugadas de posesión y pase que son fundamentales para el éxito se rompen.

Pero también está la observación general de que, al establecer cómo es probable que los rivales se posicionen, los entrenadores deben tener en cuenta si están en su casa o no. Eso marca la diferencia.

Una herramienta particular que un entrenador puede utilizar para evaluar el estilo de juego de un rival es observar los motivos de posesión de los jugadores de sus oponentes. Esta información puede ser recogida por sus propios equipos de análisis internos o adquirida a las empresas comerciales que operan cada vez más. La naturaleza del juego de un equipo se construye en torno a su estrategia de pase.

¿Qué jugador suele venir a recoger el balón de los cuatro de atrás? ¿Adónde tienden a pasar? ¿Busca el equipo formarse en un lado del campo y cambiar de juego? ¿Cómo actúa en la transición, el momento más peligroso para el equipo defensor que acaba de perder el balón?

¿Quién suministra los pases al área? La lista es interminable y los motivos de posesión de los jugadores ayudarán a definir, a través de las complejas redes que producen, qué jugadores recogen el balón y qué hacen con él cuando lo tienen.

Las pruebas estadísticas de tipo cuantitativo pueden utilizarse para predecir el juego del adversario en las jugadas a balón parado, tanto ofensivas como defensivas. Las formaciones típicas de los equipos pueden evaluarse a partir de pruebas empíricas, y se pueden desarrollar jugadas para contrarrestarlas. Como vimos al principio del capítulo, el hecho de que el equipo sea local o visitante puede afectar a su estilo de juego.

Un buen punto de partida a la hora de utilizar los datos para ayudar a discernir el juego del rival es anular su principal amenaza de gol.

Podemos tomar un ejemplo muy disponible para ilustrar esto, comparando a los dos mejores jugadores del mundo de la última década, Lionel Messi y Cristiano Ronaldo. Lo que la analítica nos dirá es que hay que parar a Messi en su origen, antes de que pueda crear jugadas fluidas y ocasiones para él y para los demás. Ronaldo, aunque sigue siendo una gran amenaza en todos los aspectos, ofrece menos peligro desde la profundidad o en los primeros compases de una jugada. Messi se muestra como un jugador de ataque mucho más completo; se implica mucho en la creación de sus ocasiones de gol, pero también da muchas asistencias o participa en jugadas que conducen a goles de otros.

El Barcelona tomó nota de ello y compró al uruguayo Luis Suárez para beneficiarse de la creatividad de Messi. Por lo tanto, un equipo que quiera frenar a Messi debe detener su progreso mucho antes en una jugada, antes de que pueda convertirla en una oportunidad de gol. Esto ha llevado a la afirmación de que Messi puede estar tranquilo durante largos periodos de tiempo, antes de que se convierta en un gol o una asistencia. En los casos en los que domina durante largos periodos, es probable que el entrenador rival no haya inculcado a su equipo la importancia de frenar a Messi desde el principio de la jugada.

Aunque, por supuesto, esta ambición es mucho más fácil de planificar que de conseguir. Por el contrario, Ronaldo marca un tipo de goles muy diferente al de su archienemigo por el título de "mejor jugador del mundo". A principios de su carrera, sobre todo en el Real Madrid (en el Manchester United jugaba más a menudo por la banda), el plan de juego de su equipo parecía consistir simplemente en hacerle llegar el balón con rapidez y dejar que utilizara su velocidad, su fuerza, su potencia de disparo y su capacidad de remate de cabeza para conseguir un intento de gol. Es posible que esto haya influido en la voluntad del Real Madrid de batir todos los récords de fichajes al comprar a Gareth Bale, un jugador muy directo que podía jugar por el centro, como Ronaldo, o por la banda, como Ronaldo.

Así, la amenaza de gol se duplicaría. Igualmente, la capacidad de cruce de Bale podría crear más ocasiones de gol para Ronaldo.

A lo largo de un par de temporadas, los rivales se acostumbraron a este enfoque, y comprendieron que, reduciendo el suministro a Ronaldo, su impacto sería (hasta cierto punto) neutralizado. Más adelante en su carrera en el Real Madrid, la filosofía de los entrenadores cambió a un enfoque menos directo, con jugadores que buscaban construir más lentamente antes de soltar el pase clave. Sin embargo, los goles de Ronaldo solían ser obra suya sólo en la fase final de la jugada.

En niveles más mortales, un entrenador puede configurar su equipo para hacer frente a la amenaza de gol más importante. ¿Se trata de detener a un jugador en una jugada temprana? ¿Se trata de cortar la cadena de suministro? ¿Desplazar a un defensa hacia su pie más débil?

Son los datos, cuantitativos (por ejemplo, el porcentaje de goles marcados con disparos dentro del área con el pie más fuerte) y cualitativos (una ilustración aquí podría ser el movimiento y la interacción de los jugadores que conducen a sus oportunidades de gol) los que informarán de esta decisión. Así, por ejemplo, un equipo como el Leicester, durante su temporada ganadora del campeonato, podía ser anulado presionando a su defensa para reducir la precisión de los balones largos que jugaban a la espalda de la defensa rival para que jugadores como Jamie Vardy y Riyad Mahrez girasen a sus defensores y les obligasen a perseguirlos. La velocidad explosiva de Vardy y Mahrez significaba que, una vez que llegaban a la espalda, las posibilidades de una oportunidad de gol aumentaban enormemente.

Si la línea defensiva se viera presionada, la precisión de sus pases en largo se vería comprometida, lo que significaría que Vardy y compañía serían menos efectivos en el campo del rival.

Volviendo al debate que pronto terminará entre Messi y Ronaldo sobre quién es el mejor jugador, los análisis como sus perfiles de pase y posesión realmente detienen la discusión. Messi marca con más regularidad (en el momento de escribir este artículo). Un gol cada un cuarto de partido, frente a algo menos de uno cada un tercio de partido del delantero de la Juventus.

Estas cifras se refieren a todos los partidos, incluidos los internacionales. En el ámbito de los clubes, Messi da un 25% más de asistencias, en menos partidos. Pero eso sólo cuenta una parte de la historia. Lo que los datos cuantitativos no dicen es el impacto del jugador en la construcción. Una asistencia es importante, pero es sólo una pequeña parte de un gol. La participación de Messi -porque juega naturalmente un poco más profundo de los dos- es mayor, según el análisis cualitativo disponible.

Sin embargo, Messi no cuenta con todos los pros. Curiosamente, en el escenario de clubes más importante, Europa, Ronaldo iguala más o menos sus estadísticas de goles por partido y asistencias en todo el fútbol de clubes. Messi, sin embargo, se desploma un poco cuando se trata de los índices de asistencia, pasando de uno de cada tres a uno de cada cuatro en Europa. Sus cifras de goles siguen siendo las mismas. Tal vez el nivel generalmente más alto de los clubes que operan en la Champions League sea mejor para cortar a Messi antes de que pueda hacer el pase decisivo.

Cuando se trata de La Clásica, los partidos entre los gigantes españoles Real Madrid y Barcelona, Messi gana sin lugar a dudas. Sin embargo, esto podría reflejar el mejor historial del Barça en la Liga.

Messi marca con algo más de regularidad y gana casi el doble de veces. Pero, de nuevo, es en el rendimiento general donde el argentino domina. En treinta y ocho partidos, ha dado 14 asistencias y ha creado 68 ocasiones.

Ronaldo, en comparación, sólo tiene una asistencia y 15 ocasiones creadas en sus treinta partidos.

Sin embargo, aunque Ronaldo podría ser el mejor rematador del mundo (lleva treinta y tres goles más que Messi en total, el argentino sólo ha superado la marca de los 700, vamos Lionel, ponte los zapatos de patear), en términos de rendimiento general Messi está por delante. El hecho de que el diminuto argentino también marque un número comparable de goles a Ronaldo, mientras que sigue contribuyendo con un número significativo de asistencias apoya la opinión de que es el mejor jugador. Su participación en la creación de oportunidades de gol seguramente resuelve la discusión.

Messi es el rey, al menos en cuanto a lo que aporta a su equipo.

¿Alguien no está de acuerdo?

ANÁLISIS, JUGADAS A BALÓN PARADO

Cómo puede utilizarse la analítica para mejorar la estrategia de un equipo en situaciones de balón parado

"Esta (los saques de banda) es una fase del juego en la que la gran mayoría de los equipos no producen nada. El Stoke producía un tiro y medio por partido sólo con lanzamientos durante los años de Rory Delap. Si eres capaz de construir y ejecutar un programa de lanzamientos largos, es el equivalente a hacer goles de la nada". - Ted Knutson, consultor de análisis sobre Tony Pulis y su táctica de lanzamientos largos.

Ya hemos visto que el mayor error en el fútbol es la concesión de un córner. Estadísticamente, según el sitio web Outside of the boot, un córner equivale a 0,022 de un gol. Eso no es gran cosa cuando lo más probable es que el córner acabe con la pérdida de la posesión. 0,022 de un gol equivale, para un equipo medio de una liga que juega unos 40 partidos por temporada, a unos cuatro goles a lo largo de la temporada, a menos de un gol en dieciséis córners, por término medio.

El Real Salt Lake es un equipo con perspectiva en la MLS estadounidense. Es un equipo relativamente exitoso, que ha ganado los play offs en una ocasión, y ha logrado varios finales de liga muy altos. El

RSL es un club sin los recursos de algunos de sus rivales pero que ha invertido mucho en el uso de la analítica para cerrar la brecha de dinero con los rivales más grandes.

Es uno de los equipos que ha tomado la decisión táctica de destinar dos jugadores al lanzamiento de los córners para mejorar las posibilidades de gol. Tener dos jugadores disponibles puede parecer ilógico. El público quiere que el balón entre en el área, y para eso sólo hace falta un sacador de esquina. Sin embargo, el segundo jugador duplica las opciones, ya que un córner corto es ahora una posibilidad. Esto significa que la defensa necesita comprometer a dos jugadores para detener el córner corto, o al menos forzar un centro desde una posición todavía desventajosa.

Comprometer a uno es insuficiente, ya que la mayoría de los equipos en una sobrecarga de 2 contra 1 en un córner serán capaces de generar el espacio para un centro desde una posición peligrosa, cerca y desde un buen ángulo. Evidentemente, con un solo jugador preparado para sacar el córner, no es necesario sacar a ningún defensor de su posición defendiendo la portería, ya que la única opción es un centro hacia dentro.

No se puede jugar a nada corto. Cuanto mayor sea el número de jugadores en el área, menor será la probabilidad de gol, ya que los atacantes no sólo tienen que llegar primero al balón, sino que deben hacerlo de forma que permita un contacto adecuado con el mismo y que éste tenga una ruta clara hacia la portería. La abrumadora cantidad de tiros libres en el área penal desde un córner favorece a la defensa. Después de todo, un tiro libre a un atacante es un penalti, y una posibilidad muy alta de gol. El árbitro tiene que alcanzar un nivel mucho más alto para conceder una decisión que cambiaría el juego. Un tiro libre a la defensa simplemente reinicia el juego. Cuantos más jugadores haya en el área, mayor será la probabilidad de que se produzca una infracción.

Por lo tanto, tener dos jugadores fuera del córner reduce el número de jugadores en el área en al menos tres. El atacante "de repuesto", y los dos defensores deben salir para evitar un peligroso córner corto.

Pero hay más cosas que el análisis de datos ha demostrado para hacer más efectivos los córners. El elegante ex jugador y ahora entrenador italiano Roberto Mancini ganó la Premier League al frente del adinerado Manchester City. Instintivamente, Mancini creía, al igual que muchos viejos profesionales, que el córner lanzado desde fuera era el más peligroso. Un saque de esquina hacia adentro suele ser cortado por el defensor situado en el primer palo y es mucho más probable que lo saque el portero. Sin embargo, los analistas han podido presentar los datos que demuestran que esto es erróneo. En la temporada 2011-2012, en la que el equipo de Mancini se proclamó campeón, el técnico ordenó que un porcentaje mucho más alto de los córners fueran de entrada. El City marcó la asombrosa cifra de quince goles a balón parado durante esa temporada, y esos goles resultaron significativos para entregarles el campeonato en lo que fue una tabla final muy apretada.

La analítica de datos pura ha demostrado cuáles son los momentos más eficaces para las sustituciones, lo que ha cambiado significativamente el juego. El Dr. Bret Myers, ex jugador y profesional de la analítica, ha demostrado que un equipo perdedor tiene más posibilidades de remontar el partido si aplica las siguientes reglas: la primera sustitución no más tarde del minuto 58, la segunda antes del minuto 73 y la última sustitución debe realizarse antes del minuto 79. Seguir estas pautas estadísticas duplica aproximadamente las posibilidades de marcar al menos un gol: hasta un 36% de las veces, frente al 18,5% de las veces en que los entrenadores adoptan una estrategia diferente.

Estos datos pueden estar relacionados con la tendencia actual de las sustituciones tempranas. Muchos entrenadores realizan ahora uno o dos (a veces incluso tres) cambios en el descanso si el rendimiento de su equipo no se ajusta a su plan de juego.

Pero lo que se desprende de este capítulo, al examinar el impacto de la analítica en las jugadas a balón parado, es que existe mucha más información que en el caso de los elementos más fluidos del fútbol.

Probablemente, esto es inevitable. Moneyball se centró en el béisbol, que, como la mayoría de los juegos de béisbol y pelota, se divide constantemente en jugadas a balón parado. No es de extrañar que la influencia de la analítica en el fútbol comience en los mismos departamentos.

El ex delantero alemán Jurgen Klinsmann se dedicó a la gestión cuando terminó su etapa de jugador y llegó a entrenar a Alemania en un Mundial. Amigo personal de Billy Beane, el hombre de Moneyball, Klinsmann está muy enamorado del uso de la analítica para obtener ventajas en el fútbol. El seleccionador consultó a una empresa de datos con sede en Colonia, en un primer ejemplo de cómo utilizar la analítica para ayudar a influir en los partidos, en lugar de limitarse a vigilar el estado físico y la forma de los jugadores. Funcionó bastante bien, y Alemania terminó en tercer lugar, aunque en un torneo en casa. En el partido de cuartos de final contra Argentina, el guardameta alemán escribió una lista de notas sobre los lanzadores de penaltis contrarios en caso de que el partido se decidiera por la tanda de penaltis. Así fue, y Jens Lehmann sacó la lista del interior de su calcetín para consultarla antes de cada penalti. Y funcionó. Argentina sólo marcó dos veces, y Alemania pasó a la semifinal.

Sin duda, el portero alemán de pelo rizado habría empleado la misma táctica. Cuando se jugaron los noventa minutos y se completaron 29 de los treinta de la prórroga, los equipos quedaron sin goles y se llegó a la tanda de penaltis. Los vencedores marcaron dos goles en el último minuto para pasar a la final, donde derrotaron a Francia, también en los penaltis.

Pero ese torneo aseguró, en muchos sentidos, el futuro de la analítica en el juego. Se jugaron ocho partidos a partir de los cuartos de final (cuartos, semis, final y desempate por el tercer puesto). Tres de ellos se decidían en una tanda de penaltis. Las tácticas se estaban volviendo tan buenas que los equipos más débiles eran capaces de anular a los más fuertes, y se necesitaba algo nuevo para romper el dominio. A su manera, Jurgen Klinsmann fue el primero en introducirlo, junto con Sam Allardyce en el Bolton y Arsene Wenger en el Mónaco y el Arsenal.

Sin embargo, hoy en día, por muy útiles que sean los datos cuantitativos puros para la preparación de las jugadas a balón parado, tanto ofensivas como defensivas, están siendo superados por el crecimiento de los análisis cualitativos, ya que pueden demostrar el valor de la estrategia y la técnica en el contexto de todo el juego.

Sin embargo, podemos ver cómo la analítica ha transformado los elementos del juego a balón parado. Por ejemplo, los tiros libres. No hace muchos años, cualquier jugada a balón parado en el campo de ataque, o incluso cerca de la línea de medio campo, se lanzaba al área. Hoy en día, esa táctica es muy rara. Ciertamente, los tiros libres en la zona de tiro suelen seguir dando lugar a un disparo a puerta, y en una posición amplia cerca del área a un centro, pero los tiros libres más profundos suelen dar lugar a que los jugadores utilicen la posesión para reiniciar sus jugadas de pase.

El efecto involuntario de esto es que los defensores pueden cometer faltas "tácticas", suficientes para romper un ataque y dar tiempo a la defensa para reorganizarse mientras el equipo atacante repone el balón y pasa; los árbitros cada vez son más conscientes de ello, y estas faltas se castigan cada vez más con una tarjeta amarilla.

Sin embargo, sería interesante tener acceso a los datos sobre la concesión de estas tarjetas amarillas: la mayoría de los aficionados afirmarán que la interpretación de los funcionarios sobre el castigo necesario carece de coherencia.

Así, podemos ver cómo la analítica ha llevado a un cambio en las tácticas defensivas estratégicas. Dado que la analítica ha demostrado que lanzar un balón largo al área no es una estrategia constructiva, es mejor que un equipo mantenga la posesión. Las jugadas de barrido en transición han demostrado ser una técnica de ataque muy eficaz. Esto puede detenerse con una falta táctica, lo que permite a las defensas reorganizarse. Los árbitros están empezando a ser más estrictos con estas faltas tácticas. Llegará un momento en que los equipos las cometan menos, porque el riesgo de recibir tarjetas amarillas, y luego rojas, es demasiado grande.

Es de esperar que los análisis de esta estrategia defensiva demuestren que es necesario un nuevo enfoque para hacer frente a los desmarques en poco tiempo. Por el momento, muestran que conceder un tiro libre fuera de la zona de tiro es una infracción que vale la pena regalar.

Concluiremos el capítulo con dos puntos. En primer lugar, el sentido común dicta que la evidencia de la analítica cuantitativa en las jugadas a balón parado afirma lo evidente. La verdad es muy distinta: los córners a favor, el marcaje por zonas, el uso del lanzamiento en largo, los tiempos de las sustituciones, los tiros libres rápidos, el mantenimiento de la posesión, el trazado de la trayectoria probable de un penalti... todo esto y mucho más se ha modificado a partir de las pruebas de la analítica. Las métricas realmente cambian el juego.

Y, por último, ¿hay algún espectáculo más farsante en el fútbol que la última tendencia de una pared defensiva en un tiro libre? Los datos han indicado claramente que el tiro conducido por debajo de una pared de salto puede ser una amenaza.

Desgraciadamente, la respuesta de muchos equipos es dejar a un jugador postrado y de cuerpo entero en el suelo, con los brazos escondidos, con la esperanza de que un lanzamiento tan bajo les golpee a ellos, en lugar de al fondo de la red. Una estrategia que lleva al suelo a nuevas profundidades. Literalmente.

CÓMO SE RECOGEN LOS DATOS

Ya hemos mencionado que la colección de estadísticas de Opta de finales de la década de 1990 era bastante contundente en su ejecución. Los registros de los partidos y las estadísticas históricas están muy bien para el analista de sillón, o el niño entusiasta que quiere aprender todo lo que hay que saber sobre su equipo o jugador favorito, pero nos dicen poco sobre el juego.

Una pista de que estos datos no son especialmente útiles para los entrenadores es evidente porque están ampliamente disponibles, No, lo que los entrenadores necesitan son dos conjuntos de datos bastante específicos. En primer lugar, necesitan datos sobre los individuos, que les ayuden a determinar el estado físico, la forma, la eficacia durante un partido y que les ayuden a no lesionarse. En segundo lugar, necesitan datos complejos, no sólo estadísticas. Datos que demuestren cómo las jugadas, entradas, pases, regates, disparos, etc., influyen en los partidos. Por lo tanto, los datos puros deben combinarse con diferentes capas de información, como el lugar del campo en el que se producen, la ubicación de los compañeros de equipo y del rival, la fase y el estado del juego en ese momento.

Esta información es competencia de las grandes organizaciones proveedoras de datos, Opta, Prozone y similares. Sus servicios son muy caros y muy secretos. Es más probable que un aficionado reciba una invitación a la fiesta de cumpleaños de su futbolista superestrella que un vistazo a cómo el equipo de análisis de datos anónimo de su club utiliza la información que recopila.

Hay, por supuesto, una triste lección aquí. La analítica de alto nivel es, al menos en la actualidad, un santuario muy exclusivo. Los entrenadores amateurs y los directores de equipos juveniles simplemente no podrán permitirse el acceso a esos datos.

Tal vez eso sea algo bueno. Los datos tratan de mejorar las posibilidades de ganar. Tal vez ese sea el ámbito del juego profesional, y en el nivel amateur y juvenil el propósito del fútbol sea diseñar el espíritu de equipo, la cooperación, las habilidades sociales, la salud física y mental. Y, sobre todo, la diversión. Ganar es una distracción innecesaria de estos objetivos clave. O, al menos, el tipo de obsesión por ganar que impulsa el juego profesional. ¿Necesita realmente un jugador de doce años saber que gasta demasiada energía persiguiendo causas perdidas, o que pasa a un amigo más a menudo que a un compañero mejor situado? La verdad es que no.

Sin embargo, cuando un entrenador quiere realmente tener en sus manos el tipo de métricas que, en la forma más simple y básica, reflejan lo que está sucediendo en los niveles profesionales, entonces el crecimiento de la industria de análisis significa que hay más empresas que operan, muchas de ellas más pequeñas, servicios independientes. Las fuerzas del mercado hacen que los precios bajen con el tiempo.

A nivel profesional, podríamos dividir la analítica moderna en tres grupos.

- Los datos que recogen los clubes y las empresas de datos que emplean.

- Análisis realizado con datos de dominio público (tal vez un indicador que los entrenadores aficionados podrían utilizar para ayudarles a determinar las tácticas y la estrategia)

- Por último, cuando los datos comerciales se analizan de forma independiente.

Cabe señalar que muchos de los clubes más grandes tienen hoy en día su propia rama de análisis de datos. En 2013, por ejemplo, el Arsenal compró una empresa de análisis con sede en Estados Unidos llamada StatDNA. La compra fue ocultada por el entonces director ejecutivo del club, Ivan Gazidis. "La empresa es experta en el campo del análisis del rendimiento de los datos deportivos", dijo a la junta general del club, cuando se le pidió que explicara el desembolso de más de 2 millones de libras. "Se trata de un área en rápido desarrollo que, tanto yo como otros, creemos que será fundamental para la posición competitiva del Arsenal", afirmó. No es el único, ni tampoco el que emplea a un equipo de no menos de ocho analistas en su trastienda, para interpretar los datos que les llegan. Es interesante observar que el club emplea a más analistas que el cuerpo técnico del primer equipo.

No están solos.

Hoy en día, en el más alto nivel del juego, los clubes están muy involucrados en la recopilación de datos. Diez o más cámaras digitales siguen a cada jugador del equipo. Sorprendentemente, no menos de diez puntos de datos son recogidos cada segundo por cada jugador que participa en el juego. Esto equivale a la asombrosa cifra de 1,4 millones de puntos de datos por partido.

A continuación, los datos brutos son interpretados por una empresa de análisis como Prozone, o por los servicios internos de análisis de los clubes. Se aplican códigos a la información bruta, y esa información se traduce para identificar todo lo que hace el jugador, tanto en contacto con el balón como fuera de él. De este modo, el entrenador, el directivo y su equipo pueden tener un desglose preciso e incitante de lo que ocurre en el juego.

Si a esto le añadimos el uso de monitores cardíacos, rastreadores GPS y rastreadores de aceleración mencionados anteriormente, podemos ver que el futbolista profesional moderno está expuesto a una enorme gama de tecnología.

Además, las pruebas médicas periódicas ayudarán a confirmar el óptimo desarrollo muscular, la resistencia y el aguante. Aunque en la actualidad la obtención de los datos puede ser menos tecnificada, los jugadores también se someten a un control dietético, de sueño y de descanso. La salud mental se entiende cada vez más en términos de bienestar de los jugadores, pero también en su rendimiento.

Un jugador que esté mentalmente por debajo de su mejor condición no podrá rendir tanto como uno que sea fuerte en este aspecto. El fortalecimiento mental mediante el uso de psicólogos deportivos es hoy en día una parte habitual de la rutina diaria de un jugador.

¿PUEDE LA ANALÍTICA AYUDAR A PREDECIR TENDENCIAS?

La respuesta a la pregunta del título es un rotundo "Sí". Incluso si la recopilación de estadísticas en los primeros tiempos era de naturaleza utilitaria (sin duda, dentro de diez años, quienquiera que esté escribiendo la última versión de este libro hará la misma observación sobre la recopilación de análisis en la década de 2010).

Pero rápidamente permitieron analizar las tendencias del juego. De hecho, los datos no sólo predecían esas tendencias, sino que podían hacerlo porque las marcaban. Tenemos la evidencia de que el juego a balón parado llevaba a marcar más goles. Charles Clarke, el director técnico inglés, identificó que en el Mundial de Francia 98 la mayoría de los goles se marcaron tras un corto número de pases. Cada una de estas conclusiones de los datos condujo al desarrollo del juego de balón largo.

Si esa táctica en el fútbol tenía su fundamento en la mala calidad de los terrenos de juego, es difícil regatear como un Messi si se juega en un campo de vacas, ahora su desarrollo se basaba en datos estadísticos. Esta tendencia tuvo un resultado interesante, aunque lógico, y es que los delanteros altos empezaron a ser objeto de una prima de traspaso. Si los equipos empezaban a basar su juego en el balón largo, con la estrategia de ganar tiros libres, entonces los jugadores que podían retener el balón, y ganar los duelos en el área, se convirtieron en muy muy cotizados.

Demasiado apreciados, lo que significa que se podían encontrar gangas invirtiendo en delanteros más pequeños, más hábiles y móviles. La burbuja de los grandes estalló y comenzó la moda de estos delanteros diminutos que podían regatear, pasar y correr.

Estos cambios en el juego fueron registrados por los datos, y esos mismos datos empezaron a mostrar un cambio de tácticas dominantes a balón parado a un ataque más móvil y fluido. El tipo de jugador que podía entregar un balón muerto con una precisión infalible, o sacar un centro desde la banda, empezó a disminuir. Sigue siendo importante, sí, pero ya no es crucial para la estrategia de un equipo. Uno se pregunta i David Beckham, por ejemplo, se habría convertido en un nombre tan global si hubiera jugado hoy, donde sus habilidades clave de golpear un balón muerto y pasar a grandes distancias seguirían siendo útiles, pero no la base de la gestión del juego de su equipo.

Fue alrededor de 2003, cuando Beckham estaba en su apogeo, cuando se empezaron a poner de manifiesto las limitaciones del tipo de estadísticas que proporcionaban un enorme beneficio a los deportes "a balón parado", como el baloncesto. Resulta sorprendente que aún hoy, casi veinte años después, la cobertura televisiva se centre tanto en estadísticas como los tiros a puerta o las distancias recorridas por los jugadores. Esos datos son casi irrelevantes en el contexto de un partido. Un equipo puede tener veinte tiros a puerta, pero si tres cuartas partes de ellos son de lejos, lo más probable es que no marque. Sin embargo, un rival que crea cinco oportunidades de gol, cinco tiros a puerta, pero todo desde posiciones fuertes, es mucho más probable que gane el partido. El Atlético de Madrid, bajo la tutela del pragmático Diego Simeone, ilustra esto a la perfección. Cuando el Leicester City ganó su título, generalmente disfrutaba de una minoría significativa en cuanto a la posesión, pero hizo un excelente uso de ella cuando la tuvo, convirtiéndola en un alto porcentaje de oportunidades de gol.

Como aficionados al juego, pero tal vez no expertos, podemos ser engañados para dar demasiada importancia a estos datos. Las grandes empresas, con su árbol del dinero dorado a la vista, pero fuera de su alcance, se pusieron a rediseñar la forma en que se podía utilizar la analítica.

Y si las estadísticas se rediseñaran, también lo haría la forma en que influyen en el juego. Un muy buen ejemplo lo encontramos al ver los análisis posteriores a los partidos que hacen los ex profesionales y los expertos (términos que, para ser justos, se utilizan con niveles de certeza cada vez menores). Especialmente cuando se analizan las formaciones defensivas. ¿Cuántas veces el ex medio centro canoso y con la nariz rota analiza un gol encajado y notifica a su audiencia que los defensores "no están lo suficientemente cerca el uno del otro"?

Pero la analítica ha demostrado la veracidad de este instinto y de la experiencia. De hecho, la distancia óptima entre los defensores es de ocho metros. Pero ahora todo el mundo lo sabe, porque las estadísticas no mienten (por lo general), y por eso los entrenadores buscan nuevas formas de ataque en para desbaratar esta organización defensiva. Podría decirse que la prensa alta es una táctica que nace como respuesta directa del aprendizaje que impone la analítica.

Si un equipo juega desde atrás, lo que debe hacer si quiere estar seguro de mantener la posesión, lo que es un indicador habitual, pero no inevitable, de una mayor probabilidad de ganar, debe encontrar espacios. Por lo general, esto se manifestará mediante la presión de uno o ambos laterales, dejando un espacio de más de ocho metros con respecto a sus colegas de la línea de cuatro o cinco. Así, si un equipo realiza una presión alta con éxito, ganará el balón y se enfrentará a una defensa que no está a ocho metros de distancia y en perfecta formación. Al ganar el balón, el equipo que presiona tendrá unos momentos para explotar el espacio que tiene antes de que la defensa pueda recuperar su organización. En los niveles más altos, unos pocos momentos son todo lo que se necesita para marcar.

También podemos ver cómo se puede utilizar la analítica para arremeter contra un individuo en el equipo contrario. Por ejemplo, un regateador como Lionel Messi. Estudiando las imágenes, se sabe que la mejor manera de parar una carrera de Messi es utilizar dos defensas, uno directamente delante del veloz argentino y el otro aproximadamente un metro por detrás. Sin embargo, es razonable decir que esto no es nada del otro mundo. En la época en la que los laterales eran laterales y los cortos eran largos, el regate parecía desempeñar un papel mucho más importante en el juego que en la actualidad. La mejor manera de detener a un regateador era doblar, es decir, que un jugador pastoreara y un compañero estuviera allí para barrer cuando el regateador pasara.

Debe haber un momento en el que el jugador atacante golpee el balón un poco más allá para llevarlo más allá del primer defensor. Es entonces cuando el segundo defensor se acerca.

El otro problema de este método, sin duda correcto, para detener a jugadores como Messi es que a menudo no funciona. Si lo hiciera, entonces no tendríamos Messis ni Di Marias ni Zahas en el juego, y sería un juego menor por ello.

LA NUEVA BATALLA - TRADICIONALISTAS CONTRA ANALISTAS

Comenzamos este libro considerando el papel de los ex profesionales, especialmente cuando aparecen en la televisión en el papel de comentaristas, y la negatividad que a veces tienen con respecto a los desarrollos modernos del juego. A menudo, esto se hace con más de un toque de ironía autoengañada. El medio centro que habla con dureza, el "ejecutor" del centro del campo que no toma prisioneros, castigará la falta de decisión, la falta de técnica, la falta de temple del jugador de hoy en día, se remontará a los días en los que el entrenamiento consistía en dar dos vueltas al parque local y unos cuantos tobillos magullados por el juego de cinco por lado, y lo hará mientras utiliza la última tecnología de análisis de vídeo.

Esto nos lleva de nuevo a la suerte, la antítesis de la analítica. Es difícil argumentar que la suerte no desempeña algún papel en todos los deportes, y por tanto también en el fútbol, pero no tanto como se afirma con frecuencia. Fijémonos por un momento en el golf, uno de esos deportes en los que la variable de lo que hace el adversario tiene poco impacto en el propio rendimiento.

Tal vez, si en un día ventoso, el viento se levanta justo en el momento en que nuestro drive desde el tee se dirige hacia el centro de la calle, y la bola se va de repente al rough. Tal vez. Por otra parte, los analistas identificarían que el jugador sabría que es un día ventoso, y por lo tanto, los mejores jugadores cambiarían la trayectoria de su drive, sacrificando un poco de distancia en beneficio de un tiro plano que sería menos impactado por el viento.

Ciertamente, cuando Lee Trevino parecía seguro de haber perdido el Open Británico de 1972 tras encontrarse en el rough justo al lado del green, la suerte no jugó ningún papel. A pesar de las famosas afirmaciones de lo contrario. En aquella ocasión, Tony Jacklin, un jugador de gran éxito en aquellos días de pantalones acampanados que nunca llegó a desarrollar su potencial en un major, estaba empatado en el liderato con Trevino en el penúltimo hoyo del campeonato. Estaba en condiciones de embocar su putt, mientras que Trevino parecía estar en una posición en la que un chip y dos putts serían lo mejor a lo que podía aspirar.

Trevino hizo un tiro directo al hoyo. ¿Suerte? No, en absoluto.

¿Dónde estaba apuntando Trevino? Al hoyo. ¿Cuántas horas había pasado trabajando en tiros como éste? ¿Dónde era más probable que la pelota terminara? En el hoyo. Entonces, los aficionados al golf sabrán que Jacklin no sólo falló su putt, sino también el siguiente. ¿Mala suerte? ¿O presión?

Otro golfista, el gran sudafricano Gary Player, dijo una vez: "Cuanto más trabajo, más suerte tengo". El genio del tenis Bjorn Borg también tuvo suerte. Mira las grabaciones de sus partidos y fíjate en el número de veces que sus tiros golpean la parte superior de la red, se escurren por encima y caen al otro lado antes de regatear hasta ganar el punto.

Está claro que Borg era simplemente un buen jugador que se llevó la palma. Otra vez. Y otra vez. Y otra vez. No es que el sueco, o sus entrenadores, supieran que, si golpeaba la pelota con enorme fuerza e inmenso ángulo con las raquetas de cabeza de madera de antaño, apuntando plano y bajo para dar a su oponente la menor oportunidad posible de hacer una devolución, ganaría más puntos. Al hacerlo, si su golpe estaba una fracción fuera, un poco demasiado bajo, la probabilidad era que la potencia y el efecto superior de su golpe levantaran la pelota al entrar en contacto con la red.

O podríamos fijarnos en el snooker. Seguramente, el único deporte del mundo que se juega con dos tercios de un traje de tres piezas, completo con pajarita. Uno de los mejores defensores del juego en los años 80 y 90 fue el londinense Jimmy White. El Torbellino, como se le conocía. (Los apodos meteorológicos eran populares en aquella época. Si uno sobrevivía al Torbellino, en la siguiente ronda solía aparecer el Huracán, es decir, el irlandés Alex Hurricane Higgins). White era un jugador excepcional, conocido por su rápida construcción de quiebres y su ingenio. Llegó a seis finales mundiales... y las perdió todas. ¿El motivo?

133

No es, como afirman sus muchos fans, la mala suerte. El roce del verde (baize) fue en su contra. De entre todos los deportes, el snooker (junto con el billar y el pool) no tiene nada que ver con la suerte.

Todos los factores se pueden controlar. Las bolas se comportarán exactamente como dicta la física. El lanzamiento es matemático en su cálculo de ángulos. Cuando una bola roja golpea la bola negra que el jugador esperaba encestar, no es mala suerte, sino que se relaciona con la forma en que se golpeó el tiro anterior.

Jimmy White perdió seis finales no porque tuviera mala suerte, sino porque ese día (o esos días, al tratarse de snooker) sus distintos rivales eran mejores. El hecho de que en cuatro ocasiones se tratara del mejor jugador del mundo en ese momento, Stephen Hendry, y en otra de Steve Davis, entonces casi imbatible, pone el récord en contexto. En 1991, también perdió contra el poco conocido Jon Parrot. Ciertamente, en la historia mundial White es mejor jugador, pero en 1991 Parrot tiene su annus mirablis, y alcanza cotas que nunca volvería a alcanzar.

Hay otro factor que puede haber contribuido al relativo fracaso de las blancas. El factor psicológico. La presión de jugar una final es imposible de calcular. Especialmente en un deporte como el snooker, en el que, una vez que el rival está en la mesa, el jugador no tiene absolutamente ninguna capacidad de influir en la partida.

Es difícil mencionar alguna vez el snooker sin hacer una breve referencia al talentosísimo canadiense Bill Wierbeneck. El rotundo pero explosivo jugador siempre fue entretenido, pero nunca llegó a las alturas que su talento sugería. El hecho de que fuera capaz de beberse hasta ocho pintas de cerveza, por razones medicinales, por supuesto, puede haber tenido más efecto en su eventual caída que la suerte. O el talento, en todo caso.

Lo que queremos decir aquí es que la suerte juega un papel mínimo en el resultado de los partidos deportivos. También en el fútbol.

Lo que cuenta para los resultados en el fútbol son la forma física y la fuerza mental de los jugadores; la habilidad y la técnica de los participantes. Las tácticas empleadas por los entrenadores, y la capacidad de los jugadores para responder colectivamente a las tácticas de los adversarios. Ciertamente, la toma de decisiones del árbitro es una variable más difícil de controlar, porque la mayoría de las decisiones de los oficiales en el fútbol son subjetivas. El uso del VAR (el árbitro asistente por vídeo) intenta suavizar la subjetividad de dichas decisiones, pero esta herramienta aún está en pañales.

La suerte es un arma muy útil. Excusa los errores y mitiga la falta de habilidad, técnica o táctica. Es el último recurso de los tradicionalistas y la apoteosis del enfoque basado en datos de cualquier deporte. Pero no sólo es un arma útil, sino también mortal.

Cuando un tiro libre con efecto golpea en la madera y rebota en el suelo, no es mala suerte para el delantero. Es un fallo de habilidad muy parcial. Esto no significa que el esfuerzo no sea excelente. Sólo que no fue lo suficientemente excelente. Algo que, según explicarán los especialistas en datos, puede ser contrarrestado por la analítica.

Pero la suerte es un poderoso adversario. Excusa el error, la debilidad técnica y táctica. Es la excusa del perdedor y la humildad del vencedor. Por todo ello, no es más que un extra en el drama del deporte.

Sin embargo, hay algo más que suerte en el uso de la analítica en el fútbol. Estos son los ocho equipos que se han clasificado para los cuartos de final de la Champions League en la temporada 2019/2020, y sus gestores o entrenadores. (El término parece intercambiable hoy en día).

Manchester City - Pep Guardiola, ex futbolista profesional, (Guardiola jugó la mayor parte de su carrera en el Barcelona.)

Lyon - Rudi García, ex futbolista profesional, (Lille y Caen fueron algunos de sus clubes).

RB Leipzig - Julien Nagelsmann, ex futbolista profesional, (su prometedora carrera se vio truncada por una lesión).

Atlético de Madrid - Diego Simeone ex futbolista profesional, (el duro centrocampista tuvo dos etapas como jugador del Atlético durante su carrera como futbolista).

Barcelona - Quique Setien, y antes Ernesto Valvere, ambos ex jugadores.

Bayern de Múnich - Hansi Flick, ex futbolista profesional, (que también jugó en el Bayern de Múnich),

Atalanta - Gian Piero Gasperini, ex futbolista profesional que representó a varios clubes italianos.

París St Germain - Thomas Tuchel, ex futbolista profesional, (otro cuya carrera se vio truncada por las lesiones).

Podríamos analizar casi cualquier conjunto de directivos y llegar a la misma conclusión. El fútbol es inmensamente conservador. Los entrenadores se seleccionan a partir de antiguos jugadores. Casi con toda seguridad (no es posible demostrarlo estadísticamente, debido a una base de datos casi inexistente a partir de la cual trabajar) hay hombres y mujeres por ahí cuyas habilidades de gestión se prestarían a convertirse en grandes directores de fútbol. Pero no tienen ninguna oportunidad. Se parte de la base de que, a menos que el entrenador de un club profesional sea un ex jugador, no se ganará el respeto del vestuario. No tendrán los conocimientos necesarios para dirigir las sesiones de entrenamiento. No entenderán el flujo del juego y, por tanto, no podrán tomar las decisiones estratégicas y tácticas que conducen al éxito.

Las pruebas de otros ámbitos de la vida cuestionarían esto severamente. No todos los directores proceden de las filas de los profesores, aunque la misma resistencia dentro de la profesión docente se mantiene a menud hacia los directores sin esa experiencia de trabajo en el aula. Sin embargo, puede funcionar. Un director de escuela tiene poca participación directa en la enseñanza, a menos que sea algo que elija hacer. Dirigir a un adulto es muy diferente a dirigir a un niño, o incluso a un aula de ellos. Los profesores de aula rara vez tienen que tomar decisiones sobre cómo gastar un presupuesto o qué profesor nombrar. Y, al igual que ocurre con los entrenadores de fútbol, un director de escuela está rodeado de colegas a los que puede recurrir por su experiencia.

En los negocios, igualmente, se nombra a una persona por las habilidades que puede aportar, no sólo por la experiencia que tiene. Pero el fútbol está establecido a su manera.

Y eso hace que la evolución sea lenta. Los entrenadores y directivos son nombrados en gran medida por su historial futbolístico; incluso aquellos que no llegaron a jugar al más alto nivel profesional, como José Mourinho, Arsene Wenger, o Thomas Tuchel y Julian Nagelsmann de la actual generación más joven, fueron ellos mismos profesionales.

Y, por supuesto, durante sus propias carreras el uso de la analítica era inaudito. Sólo ahora, con los entrenadores más jóvenes que terminaron sus carreras más recientemente, hay una verdadera apertura al uso de la analítica. La Premier League inglesa, por ejemplo, cuenta con un grupo de jóvenes entrenadores que terminaron su carrera hace relativamente poco tiempo. Frank Lampard en el Chelsea, Mikel Arteta en el Arsenal, Ole Gunnar Solskaer en el Manchester United, Nuno Espirito Santo en el

Wolves, Scott Parker en el Fulham. A estos jóvenes e interesantes entrenadores hay que añadir a Patrick Vieira en el Niza y a Steven Gerrard en el Glasgow Rangers. Se trata de ex jugadores familiarizados con los beneficios de la analítica, lo que podría haber contribuido a sus nombramientos en primer lugar, y ciertamente significa que el crecimiento del uso de la analítica está destinado a crecer. El hecho de que estos jóvenes entrenadores hayan obtenido un éxito relativo quizá refleje también su disposición a adoptar las nuevas tecnologías.

El fútbol sigue estando por detrás de gran parte del resto del mundo laboral en lo que respecta a la innovación, pero se está poniendo al día.

Aunque la resistencia sigue siendo un problema, los que se oponen a que el fútbol siga adelante deberían fijarse en las palabras de Bill James. A menudo se le conoce como el Padrino en lo que respecta al uso de la analítica en el deporte, y en una ocasión dijo lo siguiente, que es tan aplicable al fútbol como a cualquier otro deporte, si los responsables tienen la mente abierta.

"En el deporte, lo que es verdad es más poderoso que lo que crees, porque lo que es verdad te dará una ventaja".

CONCLUSIÓN

El fútbol es el deporte más popular del planeta. Hay muchas razones para ello. Es un deporte que puede ser el más sencillo imaginable. Todo lo que se necesita es un balón, o un sustituto del balón, y un poco de espacio.

Lo puede jugar casi cualquier persona de cualquier edad; el fútbol a pie es un pasatiempo en auge para las personas mayores que quieren disfrutar de la competición y el desafío físico de un juego sin arriesgarse a sufrir lesiones que podrían ser graves para una persona mayor. Cualquier niño que pueda caminar disfruta dando patadas a un balón.

También es capaz de alcanzar la categoría de arte. En los niveles más altos, el "juego bonito" es realmente bonito. Apela a la necesidad social de la raza humana, a la necesidad de pertenecer y compartir valores. Crea héroes y, al ser el "deporte de flujo" por excelencia, suscita un intenso debate sobre casi todos los aspectos. Desde las ventajas relativas del 4-4-2 frente al 4-3-1-2, pasando por quién es el mejor lateral de la liga, hasta los errores tácticos de los entrenadores, enormemente pagados, encargados de dirigir los equipos.

La analítica está ayudando a convertir el instinto y la opinión en hechos. Las métricas pueden utilizarse ahora para evaluar casi todos los aspectos del estado físico, el bienestar, la forma y la técnica de los jugadores. Los datos cualitativos son cada vez más comunes, lo que permite a los entrenadores y a los aficionados analizar en profundidad los movimientos y las tácticas, así como las actuaciones individuales. Las opiniones pueden basarse ahora en pruebas, y no sólo en prejuicios tribales (no es que éstos vayan a ser, o deban ser, erradicados por completo); de hecho, la analítica no debería convertir el juego en un ejercicio frío y sin pasión. Todavía estamos muy lejos de eso. La analítica puede decirnos cada vez más los hechos, pero no siempre la verdad. Tal vez eso sea bueno. Es lo aleatorio, lo impensable, lo controvertido que hace de este maravilloso y defectuoso deporte la alegría global que es. Una vez que se convierta en un simple negocio global, el juego se verá disminuido. Por supuesto, como en tantas otras cosas de nuestra vida, los avances tecnológicos impulsan el uso de datos en el juego.

La analítica tiene su lugar, su lado bueno y está definitivamente aquí para quedarse. Pero siempre deben utilizarse para mejorar el juego, no para sustituirlo.

Para aquellos que quieran profundizar en el uso de la analítica en el fútbol, aquí hay tres buenos libros que podemos recomendar:

Moneyball: El arte de ganar un juego injusto - Michael Lewis. Aunque aparentemente trata sobre el baloncesto, sus conclusiones pueden trasladarse, y así ha sido en el fútbol, a casi cualquier deporte.

Analítica del fútbol: El éxito del entrenamiento a través del análisis de los partidos - Ian Franks y Mike Hughes. Un libro ideal para el entrenador que desea desarrollar el uso de la analítica en sus propios equipos, lleno de información e ideas útiles.

El juego de los números: Por qué todo lo que sabes sobre el fútbol es erróneo - Chris Anderson y David Sally. Una visión muy amena de cómo los datos pueden poner en tela de juicio nuestras ideas preconcebidas sobre el fútbol.

EL FINAL... ¡CASI!

Las críticas no son fáciles de conseguir.

Como autor independiente con un presupuesto de marketing minúsculo, dependo de los lectores, como tú, para que dejen una breve reseña en Amazon.

Aunque sólo sean una o dos frases.

Así pues, si te ha gustado el libro, ve a la página del producto y deja una reseña como se muestra a continuación:

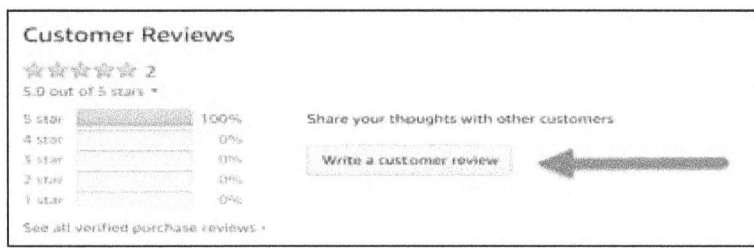

Te agradezco mucho tu crítica, ya que realmente marca la diferencia.

Gracias de todo corazón por comprar este libro y leerlo hasta el final.